KB067577

한국 경제유사

韓國經濟遺事

레세-페르

김창근

박영사

머 리 말

　　지나간 인생에 아쉬움이 남는 것처럼 예전에 쓴 책에 대해서도 여전히 미련이 남아 있었다. 어느 누구도 나더러 책을 쓰라고 채근한 것도 아닌데 또다시 책을 쓴 것만 봐도 알 수 있다. 필자는 지난 2010년 좌승희 박사와 공동으로 "이야기 한국경제(도서출판 일월담)"를 저술하였고, 숙명여대 경제학과에서 한국경제사를 강의하면서 이 책을 교재로 사용하였다. 지난 5년간 강의를 하고 학생들과 질의응답을 하면서 우리나라 자본주의 시장경제의 역사를 필자만의 시각으로 기록할 필요성이 있다고 생각했다. 학생들의 강의촌평이 필자의 집필 욕망을 부추겼다는 점에서 이 책을 완성한 절반의 공(功)은 그동안 필자의 수업에 참여했던 학생들의 것이다. 집필의 최종 변(辯)은 다음의 한 구절로 대신한다.[1]

　　"국가(정부)의 규제는 검게 보이고, 더 시커멓게 칠하려고 했고, 그래도 충분히 검다고는 생각하지 않았다."

---

1 괴테의 괴테의 파우스트에 나오는 구절을 '남의 죄'를 '정부(국가)의 규제'로 바꾼 것이다.

　　수년 전 학문적 시각으로 한국경제사를 들여다 볼 수 있는 계기를 마련해준 좌승희 박사께 특히 감사를 드린다. 통계자료를 챙기는 데 도움을 준 국회예산정책처의 신후식 박사, 한국경제연구원의 이태규 박사, 그리고 신한금융투자의 김지운 책임연구원에게 심심한 사의를 표한다. 그리고 꼼꼼히 교정을 봐준 박영사 전채린 씨에게도 고마움을 전한다.

2015년 2월

김창근

한국
경제유사

차 례

Chapter 1 **번영으로 가는 길**

1. 학생들의 눈으로_7
2. 시장경제가 성장엔진_10
3. 정부/국가에 의한 인위적인 성장 발전_23
4. 정부주도 vs 시장주도_27
5. 이론과 역사: 도약과 지속_34
6. 한국경제 성장 엔진의 재조명_39
7. 정부주도의 허와 실_61

Chapter 2 **경제는 인센티브의 세상**

1. 시장경제는 Incentive의 세상_74
2. 기업가 정신_88

laissez-faire

Laissez - faire

프롤로그

레세-페르(Laissez-faire)!

　레세-페르[1]는 그냥 내버려두라는 뜻의 불어다. 국가권력이 경제에 절대적인 영향력을 행사하던 17세기 중상주의 시절, "국가가 상인들의 사업을 진작시키기 위해 무슨 역할을 해주었으면 좋겠는가"를 묻는 당시 재무장관 콜베르(Jean-Baptiste Colbert)의 질문에 대한 시장 사람들의 대답이다. 말하자면, 레세-페르는 경제의 "앙시앙 레짐"을 타파하라는 상인들의 외침 같은 것이었다. 그 즈음 처음 등장한 이 말은 약 1세기 뒤 영국을 중심으로 자유경쟁, 자유무역을 주장하는 자유방임주의 사상으로 구체화된다. 특히, Adam Smith는 "보이지 않는 손이 작동하는 시장에서는 이기적 인간들의 사익추구활동이 사회전체의 이익과 부합하므로 정부는 법령이나 규제로 시장에 간섭하지 말아야

1　이 말의 발음은 '레세 페흐(프랑스)', '레이세이 페어(영국식)', '레이제이 페어(미국식)' 등 여럿이 있으나 여기서는 우리나라에서 일반적으로 통용되는 '레세-페르'로 표기한다.

1

한다"고 주장함으로써 레세-페르의 가치를 경제학적으로 체계화한다. Smith가 시장의 자유경쟁2이 국부를 늘린다고 주장한 이후 레세-페르는 서구 자본주의사회를 이끄는 기본 철학으로 자리 잡는다. 서구사회는 이 기본에 충실한 시장중심의 경제체제를 구현하면서 1세기 이상 성장 발전을 이어간다.

그러나 19세기 말경 자본주의가 독과점체제에 접어들면서부터는 도전에 직면한다. 국가(이하, '관(官)', '정부', '국가권력' 등과 동일한 의미로 사용한다)의 경제개입이 재개되기 시작하고, 1929년 세계대공황이 터진 것을 계기로 레세-페르의 체제는 마침내 Keynes의 수정자본주의에 밀려 상당한 기간 동안 수세에 몰리게 된다.3 시장주의 체제가 다시 경제학계의 전면으로 복귀한 것은 1970년대 통화론자의 주장이 부상하면서부터다. 자유시장경제(free market economy)를 주장하는 통화론자의 이론이 경제학계에서 확고한 위상을 굳히는 가운데 레세-페르의 체제는 규제완화, 작은 정부, 자유무역을 주장하는 신자유주의의 경제질서로 화려하게 부활한다.

서구의 자본주의사회는 이처럼, 비록 한동안 주춤한 적은 있었지만, 대체적으로 개인과 기업의 자유로운 경제활동을 최대한 보장하는 시장중심4의 체제를 유지하여 왔다. 그러면 헌법 제119조 제①항에 자유시장경제의 질서를 천명한 우리나라의 경우는 어땠을까? 유감스

---

2 자유무역은 경쟁을 촉진하여 보이지 않는 손이 더 효과적으로 작동하게 만든다는 점에서 자유경쟁의 일환이고, 따라서 시장경제 성장 발전의 요체는 자유경쟁인 셈이다.

3 정부의 역할을 법과 치안의 유지에 한정하는 엄밀한 의미의 자유방임주의는 현실의 자본주의사회에서는 존재할 수 없는 것이다. 따라서 이 책에서는 '레세-페르의 체제', '레세-페르의 시장경제'는 개인과 기업의 자유로운 경제활동을 최대한 보장하는 자유기업, 시장경제, 자유시장경제의 의미로 사용한다. 즉, 원칙적으로 경쟁할 자유 및 사업할 자유를 제한하지 않는 시장주의 체제를 말한다.

4 이하 '시장주도', '시장주의'라고도 표현한다.

럽게도 우리나라는 무늬만 시장경제였지 지금까지도 국가권력이 경제에 깊숙이 개입하고 통제하는 국가중심의 경제체제다. 즉, 1980년 이래 관치경제가 관성적으로 이어지는 가운데 1987년 헌법 제119조 제②항에 사회주의 이념의 경제민주화가 명시된 이후 한국경제는 사실상 국가중심[5]으로 굴러가는 경제민주화체제다.

제5공화국 이후의 역대 모든 정권은 재벌규제를 시작으로 특정 사업자/경쟁자(중소기업, 골목상권 등)를 보호하기 위한 여러 형태의 경제민주화를 쏟아냈다. 대기업 브랜드 빵집의 출점을 제한하고, 대형마트는 한 달에 2번 문을 닫게 조치하고, 중소기업적합업종을 선정하여 대기업의 사업기회를 아예 박탈하며 일상생활의 필수품인 휴대전화 요금을 통제하고, 도서정가제를 도입하며 책의 재판매 가격을 통제하는 등 국가가 경제에 개입하고 간섭한 사례는 부지기수다. 디구나 한국사회에 널리 퍼진 반(反)시장, 반(反)기업의 좌편향 경제인식을 배경으로 시장주의의 근간을 흔드는 Populism(대중영합주의)의 경제민주화도 들이밀고 있다.

이러한 국가중심의 한국경제를 시장(기업)중심으로 옮겨놓겠다며 규제개혁을 추진한 것은 박근혜 정부다. 현정부는 성장동력을 확충하여 저성장의 늪에 빠진 한국경제를 다시 일으켜 세운다며 자유시장경제를 주창하고 나섰다. 지난 2014년 2월 "경제혁신 3개년 계획"을 내놓은 이래 박 대통령은 "규제개혁장관회의 및 민관합동규제개혁 점검회의"를 직접 주재하면서 '잠깐만요'를 되풀이하며 규제철폐를 독려하고, "쓸데없는 규제는 우리가 쳐부술 원수이자 제거해야 할 암 덩어리"라고 지적하며 규제개혁에 앞장서고 있다. 2014년 하반기에는 "지금이야말로 경제를 다시 세울 수 있는 마지막 골든타임"이라며 규제

---

5 이하 '국가주도', '국가주의', '관주도'라고도 표현한다.

개혁이 좀 더 속도를 내야 한다며 다시 재촉하였다. 규제개혁은 어느 정도 가시적 성과를 내고 있다. 지금까지 "손톱 밑의 가시빼기"를 시작으로 규제총량제를 도입하여 규제의 양을 줄이는 방향으로 정책을 가다듬은 데 이어, 규제를 일시에 싹둑 잘라버리는 '규제 단두대'를 시행하며 2014년 12월 114건의 규제를 철폐하기로 하고 이에 따른 법령 개정 등 후속절차를 2015년 상반기까지 마무리하기로 했다.

이와 같은 일련의 규제철폐는 규제개혁의 시작에 불과하다. 레세-페르의 체제를 구현하는 궁극적 목표를 달성하려면 여전히 갈 길이 멀고 넘어야 할 장벽도 많다. 재벌규제, 노동규제 및 수도권규제 등 핵심규제를 포함하여 금융, 환경, 여타 서비스업 분야의 규제 등 손봐야 하는 규제는 부지기수다. 그 중 상당수는 정권의 집권기간 내에 실현하기 어려운 중장기적 개혁과제다. 특히, 평등한 경제질서와 모두가 골고루 잘사는 국민행복을 지향하는 규제의 몸통, 즉 이념으로 채색된 경제민주화는 아직 손도 못 댄 상태다.

문제는 두 헌법적 가치가 공존하는 현실이다. 오랜 세월 동안 국가중심의 체제만 경험한 탓에 우리 대부분은 규제의 나라에서 지내왔다는 사실조차도 잘 인지하지 못한다. 대통령이 규제개혁을 외치는 요즘에 와서야 우리나라에 규제가 그렇게 많은 줄 알았다고 고백하는 사람들이 많다. 우리가 이처럼 규제에 무감각해진 사이 이념으로 물든 경제민주화는 오히려 국가의 의무나 책무처럼 간주되는 지경에까지 이르렀고, 그래서 시장에 내버려두어서는 안 된다고 주장하는 규제주의자들도 득실거린다. 냉철한 지성(cool heads)보다는 따뜻한 가슴(warm hearts)을 앞세우는 이십대의 대학생들은 그 대표 선수다. 나의 수업을 듣는 대학생 거의 대부분은 "중소기업과 재벌의 균형성장을 위해 재벌 대기업을 규제해야 한다"고 거침없이 말한다. 그러나 규제가 자신들이 원하는 일자리를 날려버렸다고 머리(heads)로 이해하려는 학생들은 많지 않다.

비단 학생들뿐만 아니라 정책을 담당하는 고위공무원들도 마찬가지다. 현정부가 규제개혁에 박차를 가하고 있었던 지난 2014년 12월, 공정거래위원회 위원장으로 내정된 장관급 인사가 국회의 인사청문회에서 "우리부처의 주 업무가 경제민주화"라며 대통령과 엇박자를 낼 정도로 국가중심의 체제는 한국사회에 깊게 뿌리내렸다. 경제민주화는 현 야당의 단골 화두였고 2012년 대선 당시부터 2013년까지만 하더라도 현정부의 주요 정책기조였으니 그가 헷갈리는 것은 당연한 일일 수 있다.

그러나, 숨을 쉬고 살면서도 공기의 가치를 잘 인식하지 못하는 것처럼, 우리는 시장경제의 나라에 살면서도 레세-페르의 가치조차도 제대로 잘 모른다. 그동안 정부주도가 정답으로 알고 듣고 배우며 지냈으니 한국경제가 본질적으로 시장중심의 체제라는 것은 아예 잊고 지냈다. 그러니 레세-페르가 경제를 살리는 것인지에 대해서도 확신이 가지 않는다. 레세-페르가 시장경제의 기본이라는 것을 알기는커녕 Adam Smith를 배울 때 경제학 교과서 한 모퉁이에 잠깐 등장하였다 사라지는, 한국경제와는 무관한 서구사회의 사상쯤으로 이해하는 경우가 대부분이다. 그 결과, 한국사회에 만연한 좌편향 경제인식의 영향으로 기업에 비우호적인 사회분위기가 조성된 탓도 있겠지만, 규제개혁이 탐욕스런 시장, 특히 재벌 대기업을 위한 시혜나 특혜로 간주될 정도다.

이런 현실에서 경제의 중심을 과연 시장으로 돌려놓을 수 있을까? 자유시장경제체제가 대한민국을 위해 옳은 선택일까? 시장중심의 체제가 한국경제를 일으켜 세우는 요술방망이라면서 오랜 세월 동안 국가주도의 체제를 고수한 이유가 뭘까? 그동안 쏟아진 경제민주화가 어떠한 것들이었기에 한국경제가 주저앉는 것일까? 그런 정책들은 의도적으로 추진된 것일까? 한국경제의 역사를 다시 조망함으로써 시장중심의 체제가 대한민국의 국가이익과 부합하는 것인지 그리고 부합한다면 어떻게 이를 구현해 나갈지를 살펴본다.

　　Chapter 1~2는 시장경제의 성장엔진을 돌리는 원동력을 고찰하고, 한국경제가 국가중심의 체제로 회귀하는 배경을 살피며 한국경제 최대의 미스터리, "정부주도 성공신화"의 실체를 규명한다. Chapter 3~8에서는 국가주도 체제에서 경제민주화를 명분으로 추진된 자본 및 노동에 대한 주요 규제가 한국경제에 어떠한 영향을 끼쳤는가를 중점적으로 고찰한다. 특히, 1997년의 외환위기를 야기한 주범이 관주도의 체제(정부실패)인지 아니면 재벌 대기업(시장실패)인지를 규명한다. Chapter 9는 앞 Chapter의 논의를 바탕으로 결론을 내린다. 서구사회가 수백 년 전에 걷어찬 국가주의 체제의 "앙시앙 레짐"을 지지하며 사수하는 세력이 누구인지를 밝히면서 한국경제가 관치와 정치의 속박을 벗어나 자유시장경제로 다가갈 수 있는 방안이 있는지 살펴본다.

번영으로 가는 길

1. 학생들의 눈으로

한국경제사를 배우기 위해 내 수업에 참여한 대학생들에게 "우리나라의 경제개발과정에서 정부가 재벌 대기업을 키웠는가 아니면 스스로 성장하였는가?"라고 물었다. 이 질문에 대해 대부분의 학생들은 주저하지 않고 "정부가 키웠다"고 답하였다. 그리고 재벌하면 "정부의 지원, 보호, 육성 등의 특혜와 정경유착에 의한 성장"을 먼저 떠올린다고 하였다. 대부분의 학생들이 중고교 시절부터 우리나라는 정부주도로 경제도약에 성공했다고 배우고 들으며 자랐으니 레세-페르를 알고 있을 턱이 없다.

그런데 정부주도의 경제발전은 비단 대학생들만의 생각은 아니다. 우리나라 사람들 대다수가 이를 진실처럼 받아들이고 있다. 변변한 기업은커녕 국민 대다수가 굶주림에 시달리던 일인당 국민소득 US\$82(1961년)의 가난했던 한국이 '한강의 기적'을 일굴 수 있었던 배경은 개발연대(1962~1979) 박정희 정부가 추진한 5개년경제개발계획, 수출주도산업화 전략, 중화학공업육성정책 등이 주효한 때문이라고 굳게 믿고 있는 것이다.

그래서 박정희 모델은 관치경제 또는 관치금융에 의한 성장 모형으로서의 위치를 확고하게 다지며 한국경제의 도약을 상징하는 대명사로서 신문 지상이나 포털 사이트, 그리고 전문서적에 자주 등장한다. 후발 개발도상국가들의 정관계 및 경제계 인사들이 우리나라의 정부부처나 KDI와 같은 씽크탱크(think tank)를 찾아와 박정희 모델을 학습하며 경제개발의 노하우(knowhow)를 챙기고 돌아가는 것도 다 이런 이유 때문이다.

> "박정희 대통령은 경제 혁명 과정에서 혁명의 도구를 개발하고 키웠다. 가장 효율적인 도구는 관료 집단과 재벌이었다. 관료들에게는 핵심 산업을 지원할 수 있는 정책을 만들어 실행하는 역할을 맡겼다. 민족자본가를 키우겠다는 야심에 따라 재벌도 속성으로 키워냈다(송희영 칼럼, 조선일보 2013.2.3)."

위의 글은 박정희 모델에 대한 세간의 평가를 고스란히 반영하는 대표적 표현이다. 이런 유의 평가는 경제개발과정에 깊이 간여했던 고위 관료출신들, 예를 들면 김정렴, 오원철 등의 저서에도 그대로 드러나 있다. 그리고 우리나라의 경제개발 관련 각종 출판물은 물론이고 KDI와 같은 관변기관의 시각도 대부분 정부주도의 경제도약 일색이며, 우리나라 경제학계의 시각도 이것을 크게 벗어나지 않는다.

동일한 시각을 반영하는 비교적 최근의 저서는 2013년 발간된 "코리안 미러클"이다. 이 책은 박정희 정부의 5개년 경제개발계획에 직접 참여한 소수 정치관료들의 증언을 통해 한국의 경제 번영을 이들이 입안하고 추진한 경제정책─예를 들면 1964년의 수출지향적 진략, 1973년의 중화학공업화 정책, 1965년의 금리현실화 등 – 을 통해 재구성한 것이다. 이 책 제1장의 제목, "경제개발의 상장엔진 EPB"가 상징하는 것처럼, 우리나라 경제도약의 원동력을 경제개발계획에서 찾고 있다.1 이 책에 등장하는 홍성좌 (전)상공부 차관의 회고에 따르면, 한국경제 번영의 비결은 "박정희 대통령의 리더십과 박충훈 장관, 김정렴 비서실장, 남덕우 재무장관 등 당시 관리들의 헌신적 노력"의 결과로 규정하고 있을 정도로 정부주도의 경제발전을 강조하고 있다.

이와 같이 우리나라 국민들 대부분이 정부주도의 성공신화를 믿는다. 다만 차이가 있다면 그 성공신화를 긍정과 부정으로 바라보느냐일 뿐이다. 신화를 긍정적으로 바라보는 진영은 박정희 대통령을 포함한 소수의 경제관료들을 영웅시하며 그들이 이룬 경제적 성과를 미화하는 데 여념이 없다. 반면에, 이를 부정적으로 보는 진보진영은 "경제적 성공은 민주주의를 유보한 대가, 즉 정치적으로 권위주의 독재체제였기 때문에 가능했다"는 개발독재론을 들먹이며 그 성과를 깎아뭉개는 데 몰두하고 있다. 표면적으로 서로가 서로를 공박하면서도 모두가 정부주도로 성공하였다는 사실만큼은 인정하고 있는 것이다.

그러면 우리나라에서는 레세-페르의 주인공인 시장/기업은 어디로 가고 오로지 정부/국가만 사람들의 입에 오르내리는 것일까? 학문적으로도 정부와 시장(이하, '자본주의' 혹은 '시장경제'와 동일한 의미로 사용한다) 중 어느 것이 경제번영에 결정적 역할을 하는가는 여전한 논란거리다. 더구나 우리나라는, 비록 개발연대라 하더라도, 정부의 계획이나 이를 실행하기 위한 지시와 명령이 톱다운(top down) 방식으로 전달될 수만은 없는 시장경제의 나라가 아니었던가? 기업인들의 얘기

---

1 EPB는 지금의 기획재정부로 편입된 '경제기획원'의 영문명(Economy Planning Board) 이다.

를 들어보면 레세-페르가 오히려 진실임이 드러난다.

"정부가 어떻게 섬유산업을 살립니까 ⋯ 답은 시장과 공장밖에 없죠."이 말은 2014년 10월 27일 한국섬유산업협회 성기학 회장이 섬유산업의 부활과 관련하여 정부의 역할을 묻는 기자의 질문에 대한 답이다. 그러면서 그는 사양기업은 있어도 사양산업은 없다며 1960~1970년대 한국수출의 중추적 역할을 도맡았던 섬유산업의 재도약을 이끌해법은 자기 혁신이라는 것을 강조하였다. 강 회장의 이 대답은 지난 40여 년간 성장 발전하기 위해 불철주야 노력해 온 시장사람들의 평범한 경제관이다. 그의 대답은 레세-페르를 외치기 위한 목적의 것이 결코 아니었지만, 그의 대답은 자유시장경제의 진실을 함축적으로 표현한 의미심장한 말이었다.

성 회장의 대답을 필자가 다시 풀어 쓴다면, "정부가 어떻게 경제를 살립니까? 답은 경쟁과 혁신 그리고 기업가정신이 넘치게 만드는 레세-페르밖에 없죠."

예나 지금이나 그리고 동양이나 서양을 막론하고 시장사람들은 경제를 살리는 것은 국가가 아니라 레세-페르라는 사실을 진작부터 알고 있었다. 그렇다면 우리나라 정부주도 성공신화는 과연 진실일까? 지금부터 자본주의 시장경제의 번영에 관한 두 이론을 살펴보는 것을 시작으로 이에 대한 해답을 찾아 나서기로 하자.

2. 시장경제가 성장엔진

경제번영을 지속하고 있는 모든 나라의 공통적 경제질서는 시장경제다. 단지 정도와 방향의 차이만 다소 있을 뿐, 경제번영을 이룬

나라들은 한결같이 시장경제체제의 나라들이다. 정치적으로 사회주의 체제를 유지하고 있는 중국마저도 체제붕괴의 위험을 무릅써가며 시장경제로 나아가 성공하였으니 그것은 의심할 여지가 없다. 그러면 시장경제 하에서 왜 경제는 성장하고 발전하는 것일까? 우리 모두가 시장경제의 나라에서 살고 있어 경제학을 배운 사람도 이 질문에 대해 깊이 고민해본 적이 없을 것이다. 물론 성장이론을 들이대며 설명할 수도 있겠지만, 경제학 지식이 부족한 사람들이 쉽게 알아들을 수 있도록 명쾌하고 간단하게 답하는 것은 쉬운 일이 아니다.

질문에 답하기 위해선 자본주의 시장경제에 대한 이해가 전제되어야 한다. 자본주의 시장경제는 개인의 자유와 사유재산권을 보장하는 법치 그리고 자유계약 및 자유경쟁의 토대 위에 세워진 경제질서다. 자본주의는 문구 그대로 "자본＋주의"로 자본이 지배하는 이윤추구의 체제. 다시 말해 시장경제는 "돈을 버는", 좀 더 전문적인 용어로 표현하자면, "부를 창출하는" 경제질서다. 자본주의는 Schumpeter가 정의한 깃처럼 "자본 자체가 성장엔진의 추진력"으로 작동하는 체제라는 점에서 자본(축적)이 부를 창출하는 경제질서이다. 그러면 시장경제는 어떻게 자본을 축적하며 성장 발전하는 것일까?

2.1 경쟁

시장경제 성장엔진의 첫 번째 에너지는 경쟁이다. 즉, 살아남기 위해 벌이는 기업간의 시장경쟁이 자본을 축적하며 성장의 엔진을 돌리는 것이다. 시장에서 기업이 살아남기 위해서는 경쟁에서 이겨야 하고, 그러기 위해선 끊임없이 비용을 절감하고 혁신을 지속하여 생산성을 높이며 자본을 축적하며 성장해야 한다. 그렇지 않으면 시장

경쟁의 과정에서 그 기업은 결국 도태되고 만다.[2]

　이러한 다윈적(Darwinian) 견해는 경쟁의 결과에 따라 차등적으로 보상하는 시장경제의 신상필벌이 그 배경이다. 시장에서 제품이 팔리려면 가격 면에서든 품질 면에서든 경쟁력을 갖추어야 한다. 경쟁력이 있는 제품은 소비자의 선택을 받아 시장에서 잘 팔리는 반면 그렇지 않은 제품은 결국 소비자로부터 외면당하게 된다. 따라서 시장에서 돈을 번다는 것은 소비자의 선택을 받았다는 것을 의미하고, 이는 곧 시장경쟁에서 소비자로부터 상을 받는 것이나 마찬가지다.

　큰 상을 받는지 아니면 작은 상을 받는지는 전적으로 어느 정도의 경쟁력을 확보하는가에 달려있다. 예를 들어 시장에서 경쟁자를 완전히 물리친다면 시장을 독점하여 그렇지 않은 경우보다 훨씬 큰 돈을 번다는 것은 쉽게 짐작할 수 있다. 반대로 소비자로부터 외면당하면 결국 도태되게 되므로 소비자로부터 벌을 받는 것과 같다. 이와 같은 시장의 신상필벌의 속성이 항상 더 큰 상을 받기 원하는 기업에게 비용절감과 혁신으로 생산성을 높이도록 유도하는 것이다. 시장은 경쟁의 결과에 차등적으로 보상한다는 점에서 시장의 불평등은 ‘공정한 불평등’이라 할 수 있다.

　시장경쟁이 경제 번영의 결정적 요소라는 사실은 사람들의 본성을 보면 알 수 있다. 경제학에서 인간은 합리적인 존재로 가정한다. 여기서 합리적이란 말은 다른 조건이 동일할 경우, “적은 것보다는 많은 것”을 원한다는 말이고, 따라서 합리적 인간이란 결국 항상 더 많이 가지기를 원하는 이기적 인간이다.[3] 사람들은 누구나 편안하고 안

2 선진국의 경우, 경쟁과 성장과의 관계는 여전히 이론적·실증적으로 논란거리다. 그렇지만 다윈적 견해는(Darwinian view) 전세계적으로 받아들여진 일반적 통념(common wisdom)이다(Aghion and Griffth, 2008).

3 경제학에서 합리적이란 주어진 모든 정보를 기초로 행동하는 경우를 말하기도 한다.

락한 걸 원하면서도 금전적 욕망은 늘 더 많은 것을 원한다. 심정적으
로 동조하고 싶지 않은 말이지만 이게 바로 사람들의 본성이다.

금전적 욕망을 채울 수 있는 합법적 방법은 시장경쟁을 통해서이
고, 남보다 더 열심히 일하고 노력하는 만큼 시장경쟁에서 우위를 차
지할 수 있다. 다시 말해 이기적 인간의 금전적 욕망이 경쟁을 유발하
며 사람들로 하여금 더 열심히 일하도록 유도하는 것이다. 사람들의
이와 같은 경쟁적 행동이 합쳐져 사회 전체로 볼 때 결국은 더 많은
부가 창출되게 된다. 즉, 모두가 열심히 일하면 나라가 부유해질 수밖
에 없는 것이다.

사람의 욕망을 채워주는 경쟁 역시 사람의 본성이다. 승부를 가
리지 않는 스포츠가 없고 취미로 하는 오락이나 운동(테니스, 골프 등)
도 내기/경쟁을 하지 않으면 재미가 없다는 것이 그 증거다. 기업은
경쟁을 통해 더 많은 이윤을 추구하는 존재라는 점에서 본질적으로
사람들의 본성에 딱 맞아떨어지는 속성을 지닌 조직이라 할 수 있다.[4]

시장에서의 자유로운 경쟁이 경제 번영의 원동력이라는 것을 처
음으로 간파한 학자는 Adam Smith이다. 그는 자신의 저서 "국부론
(1776)"에서 이익을 쫓는 개인의 이기적 행동이 "보이지 않는 손"에
인도되어 사회의 이익을 증가시키므로 자유경쟁 자유무역을 통해 국
부를 쌓을 수 있다고 주장한다. 그의 주장에 따르면 부의 원천은 노동
이지만 자본축적으로 부를 창출할 수 있고, 그 자본을 축적하기 위해
선 정부(Crown)에 의한 경제개입이나 규제가 아니라 사람들이 자유롭
게 이익을 추구할 수 있는 자유경쟁이 필요하다.

Smith의 주장은 그 당시 영국사회가 직면했던 시대적 상황을 배

---

4 1602년 근대적 의미의 기업인 네덜란드의 동인도 회사가 탄생한 이래 책임과 위험을
  분산하는 유한책임회사가 보편화되며 기업은 중심의 자본주의사회가 고착화되었다는
  것이 학계의 정설이다.

경으로 탄생했다. "국부론"이 탄생한 당시의 영국 경제체제는 절대왕
정의 비호를 받으며 소수의 세력이 정경유착, 보호무역, 독과점으로
국가의 부를 독차지하던 중상주의체제였다. 그가 자유방임주의 경제
학(Laissez-faire Economics)의 아버지로 불리는 사실에서 알 수 있듯
그는 정부의 규제와 경제개입이 난무하는 중상주의체제를 비판하였
다. 그는 정부의 규제나 개입이 만들어낸 이러한 독과점적 경제체제
보다는 모두가 자유롭게 이익을 추구할 수 있는 자유경쟁이 더 많은
자본을 축적하는 길이자 국부를 창출하는 지름길이라 보았다. 그는
영국보다 더 많은 식민지를 보유한 스페인과 포르투갈이 영국에 뒤처
진 이유도 이것에서 찾았다.

　　국가/절대왕정의 경제개입 또는 관치경제가 절정에 달했던 당시
의 중상주의적 질서 속에서 규제혁파를 주창하며 레세-페르의 가치
를 설파한 것은 경제사적으로 볼 때 일대 혁명이자 대전환이었다.[5]
Ricardo 역시 비교우위에 근거한 자유무역을 주창함으로써 Smith의
뒤를 따랐다. Smith/Ricardo의 사상과 이론을 계기로 레세-페르의 시
장경제는 서구사회의 지배적인 경제질서로 뿌리내리기 시작한다.

　　It is the maxim of every prudent master of a family, never to
attempt to make at home what it will cost him more to make than
to buy … If a foreign country can supply us with a commodity
cheaper than we ourselves can make it, better buy it of them with
some part of the produce of our own industry, employed in a way
in which we have some advantage(Smith, 1776: 264-265)

　　Smith/Ricardo의 사상은 개인의 자유와 평등을 부르짖은 미국 혁

---

5 Smith는 자유시장경제(Free Market Economy)라는 말을 사용하지 않았다. 학계에서는
　그의 자유시장 자유무역을 상징하는 개념으로서 이를 사용한다 그러나 자유시장경제
　는 진보진영의 학자들이 말하는 '완전경쟁의 효율적 시장'을 의미하는 것은 아니다.

명(1776) 및 프랑스 혁명(1789)의 가치와 맞물리면서 서구사회로 널리 확산된다. 특히, 자유와 평등의 사상이 일찍부터 싹텄던 프랑스에서 시장경제질서가 더욱 확산되었다는 사실은 주목할 만한 일이다. 물론 이런 자유주의 경제사상의 확산에도 불구하고 현실의 세계에선 정부 개입이 여전한 기존의 경제질서가 상당기간 이어졌다. 혁명이 일어나지 않는 한 어느 국가든 그 경제질서는 점진적으로 변할 수밖에 없다는 점에서 그것은 예상할 수 있는 자연스러운 과정이다.

실제로 영국에선 19세기 중반까지 보호주의정책이 지속되고, 미국에서도 19세기 말까지도 보호주의정책이 펼쳐진 것으로 분석되고 있다. 그 당시 실시되었던 보호주의정책의 대표적 정책사례 몇몇을 살펴보자.

먼저 영국은 모직물공업을 육성하기 위해 양모(원료)의 수출을 금지하고 모직제품(완제품)의 수입을 제한하는 정책을 14세기경부터 지속하여 왔고, 19세기 초반부터 이후 산업부흥의 대동맥인 철도산업을 육성하기 위해 민간기업에 철도부지를 제공하기도 하고, 또 관세나 보조금 같은 보호주의적 산업정책을 펼치고, 섬유산업의 독보적 지위를 유지하기 위해 19세기 초반까지 섬유제조기계나 그 도면 등의 해외 수출을 금지하기도 한다.

그러나 19세기 중엽부터 영국은 앞선 기술력에 기반을 둔 막강 제조업을 배경으로 보호무역주의정책의 상징처럼 되어 왔던 항해조례(1651~1849) 및 곡물법(1815~1846)을 폐기함으로써 보다 더 큰 (세계) 시장을 장악할 목적으로 자유경쟁 자유무역을 설파하며 그 길로 더 깊이 들어서게 된다.

"영국이 자유무역 체제로 전환할 수 있었던 것은 선진화된 기술력을 지녔기 때문이며, 이런 기술력 뒤에는 '오랜 기간 유지된 높은 관세 장벽'이 있었다는 사실은 주목해야 할 중요한 사항이다(장하준, 2004: 55)"

다음으로 미국의 경우, 영국보다 훨씬 더 경제에 깊숙이 개입한 것이 목격된다. 영국보다 경제적으로, 특히 제조업분야에서, 뒤처져 있었던 미국은 19세기 초부터 20세기 중엽까지 약 150여 년간 영국 따라잡기에 나선다. 이 기간 동안 자유무역은 예외적인 것이고 보호주의가 대세라고 할 정도로 미국은 사실상 보호무역 및 보호주의적 산업정책을 펼친다(De Long, 1995).

예를 들면, 정부가 철강산업을 보호하기 위해 영국제품에 평균 40%대(1820년)의 관세를 부과한 것은 물론이고, 세계 최초로 부품을 표준화하는 데 성공한 총기 제조업자 Eli Whitney가 생산한 군사용 소총을 대량으로 구매하여 지원한다거나(1798), 미국판 항해조례라 할 수 있는 "Merchant Marine Act(1920)"로 자국의 해운산업을 육성한다. 심지어 미국의 제30대 대통령 Coolidge가 "미국 정부의 일은 사업이다(Business of America is business)"라고 공언했을 정도로 국가가 경제에 깊숙이 개입한다.

그러나 미국도 결국 영국이 걸어온 자유경쟁 자유무역의 길을 답습한다. 미국이 막강한 제조업을 배경으로 세계시장에 주목하며 실질적으로 자유무역의 선봉에 나서기 시작한 것은 제2차 세계대전 이후부터였으니까 미국 자유무역의 역사는 그리 오래되지 않았다고 볼 수 있다.

이와 같이 Smith/Ricardo 이후 약 150여 년 이상 보호무역이나 유치산업 육성과 같은 보호주의적 정책도 펼쳐졌다. 그렇지만, 큰 틀에서 보면 서구사회는 Smith/Ricardo 사상을 따르는 레세-페르의 시장경제가 대세였다. 즉, 초기 자본주의시절부터 산업혁명으로 경제도

약을 이룬 근대화 및 산업화의 시기에 이르기까지 서구 자본주의사회
는 나라마다 정도의 차이는 다소 있지만 국가의 경제개입이나 규제가
상대적으로 축소되어 온 반면 누구나 자유롭게 이익을 추구할 수 있는
자유시장경제의 영역은 계속 커져 왔다. 비록 Smith/Ricardo가 주장한
것과 같은 완전한 의미의 자유경쟁 자유무역과는 거리가 있는 것이었
지만, 그 큰 흐름은 정부의 경제 규제나 개입을 줄여 자유시장경제를
점진적으로 발전시켜왔음을 어렵지 않게 확인할 수 있는 것이다.

2.2 혁신에 의한 생산성 향상

시장경제 성장엔진의 두 번째 에너지는 생산성 향상의 원동력인
혁신이다.[6] 기업이 혁신하는 배경은 경쟁이다. 기업의 승패는 생산성
에서 결판나고, 그 생산성은 끊임없는 혁신의 결과이므로 경쟁에서
이기기 위해서는 혁신하지 않을 수가 없다. 즉, 경쟁이 혁신을 유도하
고 그 혁신이 다시 경쟁을 촉발하는 것이다.[7] 경쟁과 마찬가지로 혁신
에도 보상이 뒤따르고, 때문에 혁신하는 기업은 경쟁기업을 압도하며
상대적으로 더 큰 자본을 축적하며 더 크게 성장 발전할 수 있다.

더구나 혁신은 시장을 선점하는 수단이기도 하다. 혁신을 선도하

---

6 여기서의 관점은 Schumpeterian Growth이다. Schumpeter의 혁신은 신기술개발, 기
  업내부의 공정개선, 신시장 발굴, 신경영기법의 도입, 신제품의 개발 등과 같은 기업
  내부의 혁신, 즉 내생적 혁신이다. 이외에도 혁신이론에는 외생적 기술진보의 Solow
  모형(Solow Residual), 내생적 혁신의 Romer나 Lucas 모형과 같은 소위 말하는 성장
  회계(Growth Accounting)형 모형들이 있다.

7 선진국에 있어서 혁신과 경쟁간의 관계는 여전히 논란 중인 쟁점이다. Schumpeter만
  하더라도 "혁신이 반드시 경쟁적 환경을 필요로 하지는 않는다"고 지적했다. 그러나
  여기서는 일반적 통념으로 받아들여진 다윈적(Darwinian) 견해, 즉 "선진국 경제 성장
  의 주요 원천은 과학에 근거한 기술(Kuznets, 1966)"이라는 주장을 따랐다. 더 관심이
  있는 독자는 Aghion and Griffth(2008)을 읽어보기 바란다.

는 기업은 적어도 후발 기업이 따라 잡을 때까지는 초과이익을 누릴 수 있으니 모두가 앞서서 혁신하려 하는 것은 당연한 일이다. 혁신은 새 제품을 생산하는 기술혁신뿐만 아니라 그것을 효율적으로 생산하고 유통 판매하는 데 필요한 사업기술, 즉 경영혁신 등을 포함한다. 혁신이 자본축적을 주도하며 인류사회의 경제 번영을 선도한 가장 드라마틱한 경우는 영국의 산업혁명이다.8

산업혁명은 18세기 초부터 등장하기 시작한 새로운 기술로 촉발된다. 신기술로 인해 종래 사람이나 가축의 힘에 의존하던 생산방식이 동력이나 기계로 대체된다. 수력이나 증기를 사용하는 방직기계가 출현하고, 코크스에 의한 철광석 용해기술이 등장하며, 더 깊은 곳의 석탄을 채굴할 수 있게 만든 새로운 기술 및 기계가 선보인다. 어느 기술/기계가 어느 것을 선도하였는가에 대해서는 여전히 논란이 분분하지만, 섬유혁명을 이끈 조면 면직 방직 모직 기술을 필두로 철강산업, 석탄산업, 금속공업, 기계공업이 뒤따라 성장 발전한 것으로 분석되고 있다. 연료의 열에너지를 기계에너지로 바꾸는 증기엔진과 내연기관을 발명한 동력혁명 또한 산업혁명을 본궤도로 올린 일등공신임은 두말할 필요가 없다.

이와 같은 일련의 혁신은 종래의 노동집약적 산업을 자본집약적 산업으로 탈바꿈시키며 생산성을 획기적으로 끌어올린다. 특히, 도로, 운하, 철도의 등장은 대량수송의 대동맥의 역할을 수행함으로써 영국 경제는 번영의 가도를 달린다. 산업혁명이 절정에 달할 즈음부터 시작된 빅토리아 시대(1837~1901)에 영국은 '세계의 공장'이라 불릴 정도로 제조업의 본산이 된다. 아래의 <그림 1-1>에서 보듯 산업혁명은 지난 수천 년 이상 정체상태에 머물러 있던 영국 경제를 비약적으

8 산업혁명의 기술혁신을 Slow가 아닌 Schumpeter의 관점에서 해석한 것이다.

▸ 그림 1-1 일인당 실질 GDP 증가율, 1300-2100

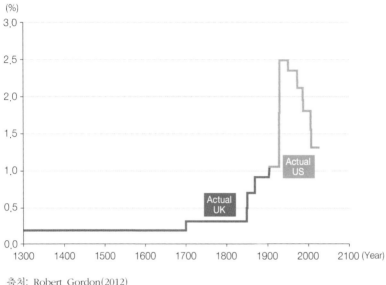

출처: Robert Gordon(2012)

로 발전시키고, 대량생산, 대량소비의 길을 열며 인류를 전인미답의
풍요로운 세상으로 인도한다(Gordon, 2012). 통계를 보면, 1800년 이후
200년 동안 세계의 일인당 평균소득은 10배 이상 증가하고 인구는 6
배로 폭증한다(R. Lucas, 2002).

"For the first time in history, the living standards of the
masses of ordinary people have begun to undergo sustained
growth. … Nothing remotely like this economic behavior has
happened before."(R. Lucas 2002)

산업혁명의 과정에서 태동한 기술혁신은 비단 그것들이 태어난
그 나라에 머물지 않았다. 프랑스, 미국, 독일, 스위스 등으로 꼬리에
꼬리를 물며 지속된다. 산업혁명의 와중에 등장한 여러 혁신이 완전히

새로운 기계/기술의 밑바탕이 되며 혁신은 지속된다. 그 결과, 20세기 초반 경에는 오늘날 우리가 누리고 있는 대부분의 발명품이 완성된다. 전신, 전화, 전구, 전기, 발전기, 자동차, 비행기, 라디오, 반도체, 군함, 하수도, 상수도, 도로, 항만시설, 운하 등이 출현한다.

그 이후에도 "거미줄보다 가늘고 강철보다 강한" 나일론, PC 등 이루 말할 수 없이 수많은 기술과 발명품들이 쏟아진다. 혁신의 특성상 소수의 천재나 기업이 새로운 기술을 발명하면 그것을 모방하거나 그와 관련된 셀 수도 없는 수많은 기술이 쏟아지게 된다. 그렇게 혁신은 거듭되며 기술은 진보한다. 라디오를 만드는 기술이 흑백TV를 거쳐 Color TV를 만드는 기술로, 더 나아가 VCR, 3D TV, 손 안의 휴대전화를 만드는 기술로 진화하고 발전한다. 단순한 엔진기술이 로켓기술로 이어지며 ICBM이 등장하고 사람이 탄 우주선이 우주공간을 왕복하는 기술로 변화 발전하는 것이다.

두말할 필요도 없이 혁신을 주도하는 것은 기업가 정신이다.9 항상 더 많은 것을 원하는 이기적 인간의 욕망이 기업의 이익 극대화로 표출된 결정체가 바로 기업가 정신이다.10 즉, 더 많이 이익을 내기 위해 주어진 자원(즉, 자본, 노동, 기술 등)을 효율적으로 결합하며 끊임없

9 때로는 정부/국가가 혁신을 주도하는 경우도 있다. 정부가 연구개발(R&D) 투자를 직접 주도하는 경우도 있고, 대학이나 민간연구소 등을 통해 특정 기술개발을 의뢰하거나 공동으로 추진하기도 한다. 예를 들면, 미국방부 예산이 대학의 연구발전자금으로 흘러 들어오고, 서부개척 시절 미 육군이 만든 지도, 도로 등이 큰 역할을 하였다는 점에서 정부주도를 과소평가할 수 없다. 또 개발이 완료된 기술을 민영화나 민간으로 이전한다거나 개발에 직접 참여한 기관을 민영화함으로써 혁신을 주도하기도 한다. 미국의 우주개발, 초고속정보통신망의 구축, CDMA, GPS, 세일가스, 3D 프린트 등이 그 대표적 사례다. 우리나라에서도 이와 유사한 사례를 얼마든지 찾을 수가 있다. 정부 부처 산하의 한국전자통신연구원, 한국과학기술연구원 등 수많은 국책연구원이 기술개발이나 혁신에 종사한다.

10 일반적으로 기업가 정신은 "어렵고 힘든 일에 도전하는 (모험)정신"으로 정의된다.

이 혁신을 지속하는 불굴의 노력이 바로 기업가 정신이다. 기업가 정신은 기업의 존망과 승패를 결정짓는 핵심적 요소이자 더 나아가 경제의 성장 발전을 견인하는 결정적 요소다. 자원이 아무리 많아도 기업가 정신이 없으면 경제는 성장 발전할 수 없다는 것은 자원부국이 항상 경제강국으로 발돋움하지 않았다는 역사적 사실이 검증하고 있다. Schumpeter가 "자본주의의 경제성장을 이끌어내는 주체는 바로 창조적 파괴를 주도하는 기업가 정신"이라고 한 것도 바로 이런 이유에서이다.

산업혁명이 왜 영국에서 시작됐는지는 학계에서도 여전히 논란 중이다. 그러나 분명한 것 한 가지는 영국에서는 그 당시에 기업가 정신이 넘쳐 흘렀다는 점이다.[11] 왜 그랬는지 그 배경을 몇 가지만 짚어 보자.

가장 중요한 것은 여타 유럽국가들에 비해 한 발 앞서 뿌리내리기 시작한 영국의 경쟁적 시장 환경이다. 영국은 명예혁명(1688~1689) 이후 군주의 지배력이 약화되고 의회의 자율권이 강화되면서 자유의 가치가 존중되기 시작했다. 이런 과정에서 국가의 경제 규제나 개입은 점차 미약해져 갔고, 이에 따라 비교적 자유롭게 사업을 시작하고 이익을 추구할 수 있는 자유 경쟁시장의 환경이 일찍부터 조성되었다.

다음으로 식민지에서 번창하기 시작한 왕성한 기업활동이다. 막강한 영국 해군의 비호 아래 식민지에서 펼친 기업의 성공적 이익추구 활동이 영국 본토의 기업가 정신을 자극하는 촉매제 역할을 하였다. 또 식민지로 확대된 시장의 규모도 기업가 정신에 불을 붙였다.

---

11 영국의 과학기술수준이 앞선 때문이라고 주장하는 학자도 있지만, 이를 뒷받침할 증거는 없다.

　　마지막으로 산업혁명 이전 수 세기 전부터 정립되기 시작한 법치와 사유재산권 제도이다. 자기 것과 남의 것을 분명히 구분하는 사유재산제도는 경제활동을 더욱 활성화시켰으며 혁신에 따른 보상을 담보해주는 특허법의 제정은 기업가 정신이 더욱 번창할 수 있는 기반을 제공했다.

　　이와 같이 영국에서는 유럽의 어느 나라보다 일찍 이기적 인간의 본성에 맞는 자유경쟁시장이 열렸고, 이를 바탕으로 기업가 정신으로 무장한 기업들이 들불처럼 일어난다. 돈을 벌기 위해 혁신하는 무수한 기업들이 합쳐져 영국을 세계의 공장으로 만들며 영국경제는 번영을 구가한다. 이게 바로 Smith가 목격한 자유경쟁으로 부를 쌓는 당대의 영국 경제였다. 물론 그의 국부론에는 혁신이라는 단어가 등장하지 않는다. 그렇지만 혁신을 주도하는 기업가 정신을 목격한 Smith가 자유경쟁을 자유무역을 주창하며 정부는 경제에서 빠지라고 한 것은 당시의 시대적 흐름을 따른 주장이었다.

　　지난 수 세기 동안 서구사회는 사상·이념적인 측면에서뿐만 아니라 법, 제도의 측면에서 규제를 완화하여 정부의 경제 개입여지를 줄이며 레세-페르의 길을 걸어 왔다. 보호주의정책이 상당한 기간 동안 지속된 것은 사실이지만, 큰 흐름은 혁신과 기업가 정신이 넘치는 시장경제 자유무역을 토대로 경제번영을 이루었다. Smith로부터 이어지는 자유방임주의 경제학은 신고전학파를 거쳐 오늘날의 영·미 주류경제학으로 부상하며 서구사회의 지배적인 경제사상으로서의 자리를 굳혔다. 비록 Smith나 Ricardo가 자본주의란 말을 사용한 적은 없지만, 그들의 사상과 이론은 결국 레세-페르의 시장경제 그 자체가 성장의 엔진임을 설파하는 것이었다.

3. 정부/국가에 의한 인위적인 성장 발전

시장경제의 성장엔진이 국가/정부라고 주장한 최초의 학자는 독일 태생의 역사학파 경제학자 Friedrich List(1789~1846)다. 그는 자신의 저서인 "The National System of Political Economy(1841)"에서 국민경제의 역사성이 고려되어야 한다며 국민경제를 발전시키기 위해선 국가/정부가 경제를 인위적으로 관리하는 것이 필요하다고 역설한다. 그는 후진국인 독일이 선진국 영국을 따라잡기 위해서는 자유무역보다는 보호관세와 유치산업육성과 같은 "따라잡기 전략"(또는 이하에서 "사다리"라고도 표현한다)을 펼쳐야 한다고 주장하면서 Adam Smith가 걷어차 버린 국가/정부의 경제개입을 다시 옹호하고 나섰다.[12] List는 "사다리를 이용해 선진국으로 올라선 영국이 정작 다른 나라가 선진국으로 나아가기 위해 그와 같은 사다리를 이용하려고 하면 자유무역을 빌미로 이를 걷어차 버린다"고 주장하며 자유무역을 정면으로 비판하였다.[13]

한때 Smith가 비판한 국가의 경제개입을 List가 다시 옹호하고 나선 것은 아이러니컬하기도 하지만 경제사적으로도 매우 흥미로운 반전이다. 물론 그 이전에도 절대왕정하의 중상주의정책처럼 경제발전에 있어서 국가의 주도적 역할을 강조한 경우가 있었다. 그러나 비록 정치경제학적인 수준의 것이지만 학문적인 시각으로 국가주도의 성장 발전을 다룬 사람은 그가 처음이다.

---

[12] List의 이론은 미국의 초대 재무장관이었던 Alexander Hamilton이 당시 후발공업국인 미국이 선발공업국인 영국을 따라잡기 위해 펼친 주장을 더욱 논리적으로 체계화한 것이다.

[13] List의 "따라잡기(Catch-up)이론"을 추종하는 다수의 학자를 중심으로 비주류경제학이 형성된다.

실제로 독일은 역사학파 List의 주장을 따라 18세기 중후반부터 자유무역을 포기하고 따라잡기 전략을 실행한 것으로 분석되고 있다. 특히, 현대의 독일을 만든 철의 재상 Bismarck는 영국(선진국)을 따라 가기 위해 부르주아(업계)의 요구를 수용하여 외국산 곡물과 철강에 관세를 부과하는 한편 산업발전을 위한 기술개발에 돈을 쏟아 붓는 등 보호주의적 정책을 적극적으로 실행한 것으로 알려져 있다. 그가 집권했던 시기에 독일의 섬유, 철강, 탄광의 생산량이 급격히 증대하면서 독일은 19세기 말엽 경 산업의 발전단계에 있어서 영국과 어깨를 나란히 할 정도로 성장 발전한 것으로 분석되고 있다.

List의 사다리가 중점을 둔 것은 자국 상품의 대외경쟁력의 강화가 목적이었다. 수입품에 대해 고율의 관세를 부과하고 유치산업을 보호 육성하기 위해 보조금을 지급하는 등 보호주의정책을 펼친 것은 그 목적을 위한 것이었다. 그러면 사다리의 높이는 어느 수준이어야 효과적일까?[14] 중고교 학생들에게 물어도 사다리가 높으면 높을수록 좋은 것이라는 대답이 돌아온다. 하늘을 찌를 듯 높은 사다리를 이용한 나라들은 강력한 보호주의정책을 펼쳤던 (구)소련, 동구의 사회주의주의 국가들, 그리고 개혁 개방 이전의 중국이다. 유감스럽게 높디 높은 사다리에 의존했던 이들 사회주의국가들의 경제는 — 비록 주류 경제학자들, 예를 들면 Paul Samuelson 같은 저명한 경제학자도 한때 소련은 성공적이라고 평한 바 있기도 하다 — 결국 실패로 끝나고 말았다. 물론 이보다 낮은 수준의 사다리를 이용하며 자립경제의 길을 걸어온 제3세계도 경제도약에 실패하였다. 만약, List가 (구)소련의 도약과 몰락의 과정을 목격할 수 있는 기회가 있었다면 그의 사다리 이론은 그 모습으로 태어나지 않았을 것이 분명하다.

14 논의의 편의를 위해 모든 사다리는 높이에 상관없이 모두 튼튼한 것이라고 가정하자.

사다리 이론이 간과하고 있는 것은 사다리의 목적이 지원과 보호
가 아닐 수 있다는 점이다. 실제로, 연구 결과에 따르면 사다리가 보호
주의정책의 일환이라기보다 조세수입이라는 주장도 있다. Delong(1995)
은 미국의 경제 도약과정에서 약 30~50%에 달했던 보호관세는 유치
산업을 육성하기 위한 것이라기보다는 조세수입이 주요 목적이었고,
심지어 보호주의정책으로 인해 자본축적 및 기술개발이 오히려 방해
받거나 지연되었다고 주장한다. Gordon(2012) 역시 보호주의정책이
실시된 1820~1920년 당시 미국의 국민생산(National Product)에서의
수출입 비중이 12% 정도에 불과하다는 통계를 제시하며 생각만큼 사
다리가 큰 역할을 하지 않았다고 주장한다.[15] 이와 같이 보호주의정책
의 목적이 대외 경쟁력 강화가 아닐 수도 있고, 대외교역 규모가 번영
을 좌우할 만큼 규모가 크지 않을 수 있다는 점을 사다리 이론은 간과
하고 있다.

List의 이론의 또 다른 오류는 경제도약을 설명하는 데 있어서 국
내 시장의 역할이 배제되어 있다는 점이다. 주류경제학자들이 주장하
는 것처럼 국내시장의 치열한 경쟁적 환경이 사다리보다 경제 번영에
더 결정적 역할을 할 수 있다. Martin(2007)도 이 점에 동조하면서 경
쟁이 치열한 내수시장이 경제 번영에 더 큰 효자 노릇을 한다고 주장
한다. 물론 영국의 경우는 사정이 좀 다르다고 주장할지 모른다. 산업
혁명이 절정에 달했던 19세기 중엽 영국의 수입과 수출을 합한 교역
규모는 국민생산의 30~40%에 달했으므로 결코 무시할 수 없는 비중
이다. 그렇지만 번영의 관건은 세계의 어느 국가보다 더 기업가 정신
이 왕성하게 넘쳐흘렀던 국내의 경쟁적 시장환경이었다. 당시 세계
제1의 경제규모를 자랑하던 영국의 국내시장을 쟁탈하기 위한 치열한

---

15 수출 및 수입이 차지하는 비중은 각각 6% 내외로 총 12% 내외이다.

경쟁이 기술혁신을 유도하며 경제를 번영으로 이끄는 데 결정적인 역할을 한 것으로 분석되고 있다.

국내 시장경쟁의 중요성을 증명하는 또 다른 사례는 인도의 경제 도약이다. 인도는 우리나라가 제1차 경제개발5개년계획을 수립할 때 참고로 했을 정도로 사다리와 계획경제에 충실했던 나라였다. 개혁 개방이 가시화된 1990년대 이전까지도 인도는 시장경쟁이 제한적인 사회주의에 물든 국가였다. 이런 인도가 시장경제 자본주의로 행보를 넓히기 시작한 1990년대부터 경제적으로 도약하며 차세대 경제주자로 주목받고 있다. 인도를 성공으로 이끈 것은 계획과 보호, 간섭, 그리고 통제가 난무하는 사다리의 시대가 아니라 자유시장경제 지향한 개혁 및 개방의 시대였다.

현실의 경제에서 사다리 논리에 맞지 않는 역사적 증거는 수 권의 책으로도 부족할 정도로 많다. 반면에 사다리 이론에 들어맞는 역사적 증거는 수 페이지 혹은 수십 페이지에 불과하다. 따라서, 빙산의 일각에 불과한 역사적 증거만으로 국가주도의 성장 발전을 주장하는 따라잡기 전략은 그에 반하는 역사적 사례가 많은 만큼이나 불완전한 것이라 할 수 있다. 아래에서 보는 것처럼 신문에 등장하는 추측성 기사와 유사한 수준의 주장이 제기되는 건 이와 같은 불완전성을 반영한 것이다.

"… 18세기 영국의 수출 소득의 반 이상을 차지했던 모직업이 없었더라면 영국의 산업혁명은 최소한 상당히 어려웠을 것이다(장하준, 2004: 51)."

사다리 이론이 좀 더 설득력을 가지려면 사다리 없이도 경제가 번영을 지속하는 이유에 대해서도 설명하여야 한다. 그리고 사다리 선상의 맨 꼭대기에 위치해 있었던 것으로 간수되는 나라들, 즉 영국

이 따라잡기를 시도한 네덜란드(해운업의 경우), 벨기에(모직업의 경우)
는 어떻게 번영을 이루었는가도 충분히 논의됐어야 한다. 또한 그들
의 입맛에 맞은 역사적 사례로만 자신들의 주장을 펼칠 것이 아니라,
인용할 사례가 적었던 나라의 경제 번영도 설명해야 한다. 예를 들면,
비교적 낮은 사다리에 의존했던 프랑스가 어떻게 경제적 번영을 이루
었는가에 대해서도 한(1) 페이지가 아니라 더 많은 지면을 할애하여
설명할 필요가 있다.

4. 정부주도 vs 시장주도

List의 따라잡기 전략이 등장한 이후, 성장 및 발전 이론은 크게 시장
주도(market-led, market-oriented), 국가/정부주도(state-led, state-oriented)
의 두 갈래로 나눠진 셈이다. 전자는 혁신과 기업가 정신이 넘쳐흐르
는 시장경제와 자유무역, 즉 자유시장경제 그 자체를 성장의 엔진으
로 파악하는 Smith/Ricardo 전통의 주류경제학의 이론이다. 후자는 국
가의 인위적인 노력, 국가의 개발전략/정책을 성장의 엔진으로 파악
하는 List계열의 비주류경제학의 이론이다.

일반적으로 영국, 미국의 성장 발전은 주로 전자의 틀 속에서 분
석되고 있고, 이들 두 국가를 제외한 독일, 프랑스, 이탈리아, 오스트
리아 등 이미 선진국의 반열에 오른 대부분의 국가들은 대체적으로
후자의 틀로 규명되고 있다. 또한 일본 역시 정부가 추진한 ITT(사업,
무역 기술)정책으로 경제번영에 이르게 되었으며 신흥개발도상국들도
국가주도로 경제도약에 성공했다고 분석된다. 그러나 List의 후학들
중에는 심지어 영국, 미국조차도 고율의 관세, 보조금, 유치산업보호

정책과 같은 사다리를 타고 올라와 경제발전을 이루었다고 주장하는
이들(장하준, 2004/2007; Reinert, 2008)도 있다.

List 계열의 학자들 중 특히 관심을 끄는 사람은 미국 경제사학계
의 원로로 추앙받는 Harvard大의 Gerschenkron 교수다. 국가개발론자
(Statist)로 알려진 그는 "경제 후진성(economic backwardness)"이라는 개
념을 이용하여 경제발전을 설명함으로써 경제발전사에 커다란 족적을
남겼다. 그는 19세기 영국, 독일, 프랑스, 이탈리아, 오스트리아, 러시아
등 유럽국가들의 경제발전사를 추적하여 경제 후진성이 크면 클수록
국가개입의 강도도 높아진다는 사실을 밝혀냈다(Gerschenkron, 1962).

그의 주장에 따르면, 산업개발(industrial development)을 시작할 때
이들 국가는 민간의 불충분한 자본을 보충해주고 숙련 노동자를 육성
공급해주며 기술 개발을 지도하는 등 시장의 부족한 부분을 메우며
경제발전에 적극적으로 개입하였고, 국가개입의 정도나 내용은 나라
마다 서로 상이했다.[16]

그는 Smith/Ricardo의 자유경쟁, 자유무역의 사상을 따랐던 영국
만이 기업가 정신을 바탕으로 경제번영을 이루었고, 영국을 제외한 여
타의 유럽국가들, 예를 들면, 대형은행의 설립을 통해 산업개발에 필요
한 자본을 공급하여 경제발전을 이룬 독일, 프랑스 역시 경제 후진성
에 걸맞은 국가개입으로 발전을 이루었다고 주장했다. 그의 주된 관심
사였던 Russia의 경우, 당시의 시장이 여타 유럽국가들에 비해 상대적
으로 매우 취약한 상태였으므로 국가개입의 강도는 아주 높았다고 분
석하며, 후진성이 큰 만큼 국가개입의 강도가 컸다고 분석했다.

---

16 이 점에서 그의 주장은 Rostow, Marx의 선형적/단계별 발전이론을 일반화한 것으로
   평가받고 있다. 즉, 그는 "경제발전은 징치적·사회적·경제적 여건에 구애 없이 정해
   진 단계(예, 로스토우의 5단계 발전설)를 거친다"는 이들의 주장을 뒤엎은 것이다.

4.1 개발경제학과 Keynesian의 득세

List/Gerschenkron의 국가주도 성장이론이 다시 주목받은 것은 20세기 중반 경 태동한 이른바 개발경제학(Development Economics)이 등장하면서부터이다. 개발경제학은 개발도상국(개도국, 혹은 저개발국)의 국가정책(Public Policy)과 — 경제개발계획, 근대화 정책/전략, 그리고 산업, 기술, 무역, 교육, 사회 전략/정책 등의 개발정책 및 그 조합 — 경제성장간의 관계를 연구하는 개도국 경제발전이론이다. 개발경제학은 주로 UNDP(United Nations Development Plan, 유엔개발계획)를 중심으로 아시아, 아프리카, 남미의 여러 개도국의 성장 발전을 위한 이론 및 정책제안들(Policy Recommendations)을 쏟아내면서 널리 퍼지게 된다. 어느 방법으로 경제개발을 할 것이냐에 따라 크게 균형성장이론(예: Rodan, 1943) 및 불균형 성장이론(예: Hirschman, 1958)으로 나누어져 있다.

개발경제학이 이처럼 풍미하게 된 배경에는 세계대공황 이후 1960년대까지 세계 경제학계를 주름잡은 Keynesian의 영향도 컸다. 정부의 적극적 경제개입이 세계 대공황을 극복하는 데 결정적인 역할을 하였다는 주장이 개발경제학자들을 응원하는 역할을 한 것이다. 특히, 1950~1960년대 사회주의의 (구)소련 경제가 급격히 부상하면서 정부/국가주도의 인위적인 경제개발에 힘이 실렸고, 소련의 급성장을 목격한 미국의 경제학계에서도 국가주도의 성장에 귀를 기울일 정도였다.

실제로 UN 회의장에서 "우리는 (경제적으로) 당신들을 묻어버리겠다(We will bury you)"고 한 후르시초프(Khrushchev)의 호언 장담에 자극 받아 미국의 Kennedy 대통령 시절 한때 국가주도의 경제가 대

Laissez - faire

안으로 떠오른 적도 있었다.[17]

4.2 성장회계 모형

국가주도의 성장이론에 간접적으로 힘을 보탠 것은 소위 말하는 성장회계 모형의 등장이다. 성장회계 모형은 경제 성장이 요소(자본, 노동)축적에 의존한 것인지 생산성 향상에 의존한 것인지를 따지는 모형인데, 이 모형에 따르면 경제성장률은 요소축적과 생산성 향상의 합으로 규정된다. 간단히 말하면 노동과 자본의 투입증가율이 4%이고 단위당 투입요소의 생산성 증가율이 1%면 경제성장률은 5%이다.[18]

이들 모형의 연구 결과에 따르면(예: Krugman, 1994), "동아시아 4 호랑이"의 경제적 도약은 대부분 요소축적에 의존하였고 생산성 향상이 성장에 기여한 정도는 미미했던 것으로 분석되고 있다. 여기서 요소축적을 주도한 주체는, 비록 Krugman이 명확하게 적시하지는 않았지만, 분명히 국가, 더 구체적으로는 정부정책이다. 따라서 성장회계 모형은 암묵적으로 국가주도에 인위적인 성장을 주창하는 것이라 판단할 수 있다.[19]

국가주도의 요소축적은 Krugman이 예로 제시한 (구)소련 및 모택동 시대의 중국 등 계획경제체제를 유지했던 사회주의국가들의 경우 분명히 가능한 시나리오다. 생산수단이 모두 국가 소유이니 국가가 원하는 대로 요소투입을 좌지우지할 수 있기 때문이다. 물론

---

17 Krugman(1994)에서 재인용하였다.

18 경제성장률은 고용(교육수준 포함) 및 자본의 증가율 그리고 총요소생산성(Total Factor Productivity) 증가율, 즉 솔로 잔차(Solow Residual)의 합이다.

19 필자 주: 성장회계 모형은 국가주도나 시상주도를 따지기 위한 것이 아니다.

Gerschenkron의 주장처럼 자본주의사회에서도 국가가 요소축적에 기여할 수 있는 경우도 있다. 국가권력이 상대적으로 강하게 작용할 수 있고 또 시장경제가 덜 발달한 경우 국가가 요소축적에 개입할 개연성이 충분하다. Gerschenkron도 시기적으로 그럴 개연성이 높은 19세기의 독일, 프랑스, 오스트리아 등의 경제 도약과정을 분석하였다고 앞서 지적한 바 있다.

List가 유치산업육성론을 주장한 19세기 중반의 독일도 시기적으로 이와 유사한 경제환경에 직면해 있었다는 사실을 감안한다면 그가 왜 국가주도의 따라잡기 전략을 주장했는지 이유를 알 수 있다.

그런데 곰곰이 따지고 보면 요소축적에 의한 성장은 불을 보듯 뻔한 주장이다. 개도국에는 다양한 투자의 기회가 있고 농촌에도 풍부한 유휴 노동력이 있었으므로 자본과 노동의 투입을 증대시킬 수 있는 여지가 아주 많았다. 개도국 경제개발과정을 분석해 보면, 예외 없이 선진국의 기술을 모방하고 차용한 투자가 대규모로 이뤄지고 또 농촌의 유휴노동력이 산업현장에 대거 투입되면서 경제가 도약한 것을 쉽게 목격할 수가 있다. 현실적으로도 개도국이 고용을 늘리고 기계설비를 들여오지 않고 공장을 확장하지 않고서도 경제적으로 도약한 경우는 없었다. 따라서 마치 요소축적에 의존하여 성장 발전한 것처럼 주장하는 것은 동일한 내용을 되풀이해서 말하는 동어반복(tautology)일 뿐이다.[20] 경제사적으로도 보아도 요소축적 없이 경제 도약에 성공한 나라는 없다는 것은 너무나도 명백하다.

더 중요한 사실은 자본주의사회의 경제도약 과정을 보면 요소축적은 국가에 의해서만 좌우되는 것이 아니라는 점이다. 즉, 요소축적의 주체는 결국 기업이고, 기업은 스스로의 선택에 따라 요소축적을

---

20 Page(1994)는 생산성 향상도 국가정책에 기인한 것으로 판단하였다.

결정한다는 것이다. 국가가 특정 정책에 의거, 개발사업들 주도하며 민간의 참여를 독려한다고 하더라도 기업은 돈이 되지 않는다고 판단하면 그 사업엔 쉽사리 뛰어들지 않는다. 우리나라의 중화학공업화 과정에서 목격한 바 그대로다. 요소축적을 시장이 주도하였다는 것을 보여주는 대표적 사례는 동아시아의 "4 호랑이" 중 하나인 홍콩이다. 왜냐하면 홍콩은 처음부터 Smith/Ricardo의 시장경제 자유무역의 길을 걸은 것이 명백하기 때문이다. 즉, 홍콩에서는 요소축적을 주도한 것은 정부정책이 아니라 혁신과 기업가 정신이 넘치는 시장이었다.

4.3 자유주의자의 부활

한동안 움츠려 있었던 자유시장경제의 가치가 학계에서 다시 주목받기 시작한 것은 M. Freedman을 필두로 하는 통화론자(Monetarist)가 부상하면서부터이다. 1970년대 들어 Stagflation이 만연하자 Keynesian−Monetarist간에 필립스 곡선(Phillips Curve)의 trade−off를 둘러싸고 논쟁이 일었고, 그 논쟁의 과정에서 안정적 통화공급(k% rule)을 주장한 Friedman의 이론이 부상한 반면 자의적 통화공급을 주장한 Keynesian이 코너로 몰리는 상황이 벌어진다. 즉, Friedman은 "통화공급이 예기치 않게 변동하지 않는 한 자유시장경제는 본질적으로 안정적이다"는 연구결과를 토대로 Keynesian이 주장하는 자의적 통화정책은 불필요하거나 때로는 해롭다고 주장하며 국가/정부의 경제개입을 적극적으로 반대한 것이다.

자유주의자인 Hayek의 뒤를 이은 그는 자유시장경제는 원래 안정적이라는 확고한 신념을 바탕으로 누구보다 열정적으로 자유시장경제의 가치를 설파하였다. 두 명의 위대한 자유주의자들(Friedman,

Hayek)이 몸담았던 시카고대학을 중심으로 Smith/Ricardo의 자유경쟁
자유무역의 가치가 되살아나는 가운데 그동안 국가주도의 틀 속에 갇
혀있었던 개도국의 성장엔진이 다시 논란거리로 등장하면서 자유시장
경제가 경제도약의 원동력이라는 주장이 제기되었다.

한편 List를 추종하는 비주류경제학은 1980년대 일본 경제의 급
격한 부상과 맞물리면서 다시 관심을 끈다. 정부주도의 산업, 무역,
기술 정책(ITT: Industrial, Trade and Technological Policies)으로 성장한
일본식 자본주의(Crony Capitalism or Asian—style Capitalism, Asian Model,
or The Asian Brand of Capitalism: 정부와 재계를 이끄는 소수의 엘리트들에
의해 협조적으로 기획되고 운용되는 정부주도의 자본주의)가 멀지 않은 장래
에 미국을 능가하며 시장경제 자유무역의 영미식 자본주의를 대체할
것이라는 주장이 유행한다. 그러나 이 주장은 일본경제가 20년 이상
장기침체에 빠져들면서 힘을 잃고 만다. 심지어 앞장서서 그 주장을
펼쳤던 학자마저 정부주도의 자본주의는 "비극적 결함(Tragic Flaws)"
을 갖고 있다는 것을 인정하기에 이른다(Lindsey and Lucas, 1998).

일본식 자본주의가 퇴조하면서 1980년대 이후 자유시장경제의
질서가 다시 주목을 받는다. 미국을 중심으로 부활한 규제완화, 작
은 정부, 감세, 민영화를 주창하는 자유시장경제의 사상이 학계를
넘어 정가로 그리고 전 세계로 퍼지기 시작하였는데, 이것이 바로
Smith/Licardo의 정신을 이어받은 '신자유주의(Neoliberalism)'다. 신자
유주의는 미국 Reagan 행정부 및 영국 Thatcher 정부의 정책기조로
구체화되어 실행되면서 새로운 세계경제질서로 부상한다. 더 나아가
신자유주의는 자본주의의 3총사, 즉 IMF, World Bank, 그리고 The
US Treasury의 정신적 지주로서 구동하며 Washington Consensus라
는 새로운 정책조합을 탄생시키기에 이른다.

Laissez-faire

신자유주의가 부상함에 따라 그동안 주춤했던 비주류경제학의 목소리가 다시 높아진다. 이들은 지난 4반세기 이상 동안 세계경제질서를 주도한 "신자유주의가 개발도상국들이 따라잡기 전략을 구사할 수 있는 기회를 봉쇄해왔다"며 개발도상국들이 자신들의 경제현실에 맞는 보호무역이나 산업정책을 펼칠 수 있어야 한다고 주장한다. 이들은 "선진국들은 따라잡기 전략으로 경제적으로 성공해놓고선 정작 개발도상국들이 그 사다리를 이용하려면 그것을 걷어차 버린다"고 주장하며 또다시 List의 부활을 주창하고 나선 것이다.

5. 이론과 역사: 도약과 지속

List에 논란이 불붙은 이래, 경제번영의 원동력을 놓고 주류경제학계와 비주류경제학계는 상호 평행선을 달리는 수많은 논문과 저서를 쏟아냈다. 그러나 유감스럽게도 시장주도와 국가주도를 외치는 두 진영간의 논란은 쉽게 끝나지 않을 전망이다. 왜냐하면 상호 다른 방법론으로 서로가 서로를 공박하고 있기 때문이다. 역사적 증거를 들이대는 귀납적 사고의 따라잡기 이론과 자신만의 모형/이론을 중심으로 경제현상을 규명하는 연역적(주로) 사고의 주류경제학간의 간격은 속된 말로 하늘과 땅만큼의 차이다.

양 진영의 간극을 좁히기 어려운 이유는 세상을 보는 눈이 서로 다르기 때문이다.[21] 한 쪽은 개인들의 자유롭게 사익을 추구하는 시장의 눈으로 경제 번영을 바라보는 반면 한 쪽은 전능한 정부의 눈으로 본다. 이기적 인간들이 더 부유해지는 것이 경제 번영이라는 전자의

---

21 본 문단은 Fallows(1993)의 주장이기도 하다.

주장과 국가의 생산능력을 증대하는 것이 경제 번영이라는 후자의 주장이 서로 맞서며, 경제를 각각 소비자와 생산자의 시각에서 바라본다. 즉, "시장경제 자유무역은 값싸고 품질 좋은 제품을 공급하는 효율적인 공급자를 선택하게 만듦으로써 소비자의 복리를 증진시킨다"는 전자의 견해와 "국가의 생산능력을 키우기 위해선 정부가 의도적으로 팔을 걷어붙이고 나서야 된다"는 후자의 견해가 대립하는 것이다. 전자는 정부만능과 정부실패를 지적하며 정부의 경제개입을 비판하는 쪽이며 반면에 후자는 시장만능과 시장실패를 경계하며 정부개입을 정당화하는 쪽이다.

세상은 경제 이론/모형이나 역사적 증거로 드러난 것보다 훨씬 복잡하다. 변수나 가정 하나만 바꿔도 틀린 결론이 나오는 이론/모형 중심의 시장주도 이론이나 아전인수 식의 역사적 증거만을 제시하는 국가주도의 정치경제학 모두 불완전한 것이다. 세계의 경제발전사를 관찰해보면 국가주도와 시장주도가 혼재되어 있는 것이 일반적이고, 또 세계은행의 보고서도 후진국의 경제개발도 사기업의 협조 없이는 불가능하다는 것을 이미 인정한 바 있다(World Bank, 1993: 13). 더구나 영국과 미국의 경우만 하더라도 비주류경제학자들이 주장한 대로 국가주도의 역사적 증거도 있다. 때문에 국가주도, 시장주도로 나누는 것 그 자체가 칼로 물 베는 것처럼 비현실적인 것인지도 모른다.

5.1 경제도약의 원동력 vs 성장지속의 원동력

그렇다면 양 진영의 주장을 하나의 체계로 엮어낼 방법은 없는 것일까? 해답은 "성장을 점화시키는 원동력과 성장을 지속시키는 원동력"을 구분하는 데서 출발한다. 이 구분을 따르면, List 전통의 지원과 보호 중심의 전략은 후진국이 도약하는 데 초점을 맞춘 것이고 반면에 자유시장경제의 Smith/Ricardo의 이론은 경제가 성장을 지속하는 데 초점을 맞춘 것으로 분류할 수 있다. 그러나 유의할 것은 이 구분 자체가 "도약과 지속의 원동력이 각각 별개로 존재한다"는 것을 의미하지는 않는다는 점이다.

세계 경제성장사를 보면 영국도 산업혁명이라는 도약의 단계를 분명히 거쳤고, 영국에 비해 상대적으로 후진국이었던 독일, 프랑스, 일본, 그리고 개도국이었던 동아시아의 '4 호랑이' 등 경제번영을 이룬 나라 모두가 도약의 단계를 거쳤다. 중요한 쟁점은 경제도약 후 성장을 지속할 수 있는가의 여부이다.

논의상, 경제번영을 지속하고 있는 서구 선진제국들 그리고 '4 호랑이' 모두 지원과 보호의 사다리로 도약에 성공하였다고 가정하자. 주지하는 바와 같이 오늘날 이들 나라의 사다리는 대부분 역사의 무대에서 사라졌다. 그럼에도 불구하고 이들 나라는, 물론 정도의 차이는 있지만, 지금도 성장을 지속하고 있다. 만약 사다리가 도약의 엔진이라면 이는 설명할 수 없는 현상이다. 대체 무슨 말인가? 이것은 성장을 지속시키는 원동력, 즉 자유시장경제가 처음부터 작동하고 있었음을 말해주는 증거다.

사다리를 옹호하는 학자들은 도약에 성공하였으니 성장을 지속하는 것이 가능하다고 우길 지도 모른다. 물론 지원과 보호 중심의 정책이 성장에 유익한 것일 수도 있으므로 전혀 틀린 말은 아니다. 그렇지만 이 말이 틀렸다는 것을 증명하는 역사적 증거가 있다. 지금은 몰락한 사회주의국가들이 그 증거다. 이들 국가는 List/Gerschenkron이 말하는 대로 지원과 보호로 도약하는 데는 성공하였지만 성장을 지속하는 데는 실패하였다. 왜 실패하였을까? 도약의 원동력은 성장을 지

속시키지 못하는 것일 뿐만 아니라 자유시장경제 없이는 경제번영도
없다는 사실을 잘 증명하는 사례다.

위의 설명을 종합해보면, 도약의 원동력은 성장을 지속시키는 원
동력의 부분 집합이라 할 수 있다. 즉, 성장을 지속시키는 원동력은
경제도약의 원동력이 될 수 있는 것이지만, 역으로 도약의 원동력은
성장을 지속시키는 원동력은 되지는 못한다. 따라서, List 전통의 지원
과 보호는 경제가 도약하는 데 도움이 되는 전략/정책일 수는 있지만
성장을 지속시키는 정책은 아니다. 다시 반복하면, 경제가 도약하면
사라질 수밖에 없는 일회성의 지원과 보호의 정책으로는 시장경제의
번영을 규명하는 데 한계가 있을 수밖에 없는 것이다.

다음의 3 명제는 사다리의 그런 한계를 잘 보여준다.

> 명제 (1) 경제 성장은 정부가 주도한다.
> 명제 (2) 산업 성장은 정부가 주도한다.
> 명제 (3) 기업 성장은 정부가 주도한다.

사다리 이론가들은 어느 명제가 옳은 것이라 말할까? 아마도 대
부분 (1), (2)는 옳은 것이라 답할 것이다. 하나는 정부주도의 경제개
발이요, 다른 하나는 유치산업육성이기 때문이다. 그러면 (3)에 대해
선 뭐라고 평할까? 잠시 머뭇거리거나 아니면 단정적으로 틀렸다고
답할 가능성이 높다. 왜냐하면 기업은 주어진 환경 아래서 스스로의
힘으로 자본을 축적하며 부를 창출하는 존재라는 것을 알기 때문이다.
즉, 기업은 주어진 내적(자금, 인력, 시술 등) 및 외적 제약조건(정부의
법, 규정, 제도, 정책 등)을 극복하며 스스로 성장 발전하는 존재라는 것
쯤은 경제학을 접한 학생들이면 누구나 알 수 있는 평범한 진리다.

　　중요한 것은 한 나라 경제의 성장 발전을 경제(a), 산업(b), 기업(c) 중 어느 실체를 통해 파악하느냐이다. List/Gerschenkron 계열의 개발경제학은 (a)과 (b)를 통해 바라본다. 그래서 개발경제학은 한 나라 경제의 성장 발전을 정치관료의 리더십이나 그들이 입안 추진한 제반 정책, 예를 들면 유치산업육성을 통해 바라보는 것이다. 그런데, 간과하지 말아야 할 것은 직접 부를 창출하는 행동 주체는 정부가 아니라 기업이라는 점이다. 경제란 쉽게 말하면 산업을 합한 것이고 산업은 기업을 합한 것이므로, 경제란 결국 기업을 합한 것에 불과하다. 따라서 한 나라의 경제도약은 경제나 산업의 측면보다는 부 창출의 분명한 주체인 기업의 측면에서 들여다봐야 한다.

　　명제를 경제성장에 관한 것으로 한정하면, 위의 세 명제 모두가 내용상 동일한 것이나 마찬가지다. 그럼에도 따라잡기 논리는 (1), (2)는 옳다고 하고 (3)의 명제는 틀린 것이라 주장할 것이다. 어떠한 이론이든 그것이 논리적이려면 적어도 동일한 성격의 명제에 대해선 모두가 옳은 것이라든지 아니면 모두가 틀린 것이라는 일관된 답변이 나와야 한다. 때문에 동일한 내용의 명제에 대해 서로 엇갈리는 답이 나오는 따라잡기 논리는 반쪽짜리 주장이라 할 수 있다. 그러면 주류 경제학의 답변은 뭔가? 위의 3 명제 모두 틀린 것이다. 이 점에서 보면, 주류경제학의 주장은 논리적으로 일관성이 있는 온전한 이론이라 할 수 있다.

6. 한국경제 성장 엔진의 재조명[22]

지금까지 경제의 성장 발전이 국가주도냐 아니면 시장주도냐를
밝히는 두 이론에 대해 논의하였다. 이제 이 논의를 기초로 우리나라
의 수출제일주의전략과 중화학공업육성정책 등 경제개발5개년계획의
두 전략/정책을 재점검하면서 지원과 보호로 상징되는 정부주도의 증
거와 주류경제학이 주장하는 시장(즉, 기업)주도의 증거를 찾아보자.
그리고 그 각각의 증거를 바탕으로 우리나라의 경제도약이 통설처럼
정부주도인지 아니면 아니면 혁신과 기업가 정신이 넘쳐나는 시장주
도인지를 재평가한다. 그리고 만약 정부주도라고 한다면 그 실체가
무엇인지에 대해서도 살펴보기로 한다. 그 전에 우리나라 자본주의
시장경제의 기초를 제공한 해방 후의 자립경제체제에 대해 간략히 먼
저 고찰해보자.

6.1 자립경제체제: 정부주도의 경제

1948년 정부수립 이후 우리나라는 형식적으로는 시장경제체제가
유지되었으나 대외적으로는 굳게 문이 닫혀 있었던 내수 및 수입대체
공업화 중심의 자립경제체제였다. 자립경제는 제2차 세계대전 이후 생
겨난 신생독립국가들 대부분이 수용했던 대내지향적인(Inward Looking)
정책기조였는데, 우리나라도 무역수지 적자를 개선하고 국내의 생산
력을 증대시켜 물가안정을 도모한다며 이를 채택하였다. 당시의 자립
경제체제하에서 자본을 축적한 사람들은 대부분 일제시대부터 상업이

---

22 본 장의, 특히 6.2 및 6.3의 내용 중 상당 부분은 "이야기 한국경제(좌승희·김창근
   2010)"에서 따왔다.

나 무역에 종사해 온 사람들이다. 이들은 주로 일본이 남긴 적산기업을 인수하거나 미국이 원조물자로 제공한 원면, 원당, 밀을 가공하는 방직, 제당, 제분 등 이른바 삼백 산업을 영위하며 성장의 발판을 마련한다.

적산기업을 인수한 대표적 사례를 보자. (고)박두병은 소화기린맥주를, (고)김종희는 조선화약공판을, 그리고 (고)최종건은 선경직물을 인수하여 각각 두산그룹, 한화그룹, 그리고 SK그룹의 기초를 닦는다. 불하 가격이 시세에 훨씬 못 미쳤을 뿐만 아니라 분할 상환 조건이었으므로 적산기업의 불하 그 자체가 특혜로 간주되어 정경유착에 대한 시비가 끊이지 않았다. 특히, 6.25 전쟁을 겪으면서 물가가 수천 배나 폭등하는 상황에서 적산기업의 인수는 거의 공짜나 다름없었다. 당시는 실물자산을 보유한 사실 그 자체만으로도 엄청난 부를 챙기는 때였다.

삼백 산업의 상징적 기업으로는 제일제당, 대한제분, 금성방직 등을 꼽을 수 있다. 이들 기업들은 대부분 미국이 제공한 원조달러를 배정받아 공장을 건설하고 원료(원당, 원면 밀 등)를 수입하였다. 공정 환율이 암시장 환율보다 훨씬 낮았던 – 원화의 가치가 과대평가된 – 당시의 상황에서 공정환율로 계산된 원조달러의 배정은 특혜나 마찬가지였다. 또한 해당 업종을 대표하는 한 업체가 원료를 수입한 후 이를 배분하는 방법을 고수하고 신규진입을 차단하는 등의 방법으로 독과점체제를 유지하며 이들은 커다란 부를 축적할 수 있었다.

자립경제체제를 유지했던 당시는 수입의 시대였다. 일본과의 국교단절로 인해 국내에 있는 생산시설이 제대로 가동을 못해 공산품이 태부족이었고, 또 6.25 전쟁으로 인해 그나마 있던 생산시설도 대부분 파괴되어 공산품의 공급은 절대적으로 부족한 상황이었다. 때문에 공산품은 대부분 수입에 의존할 수밖에 없었고, 해외에서 들여오기가 무섭게 팔려나갔다. 게다가 원화의 고평가로 인해 수입한 상품의 마진도 매우 커서 수입은 그야말로 일확천금을 거머쥘 수 있는 사업이었다. 외화(달러)가 부족하고 모든 품목은 100% 정부(상공부) 허가를 받아 수입하는 상황에서 수입 허가나 공정환율로 달러를 바꾸는 그 자체가 특혜였고, 수출입을 하기 위한 회사를 설립하는 것조차도 허가 사항이었으므로 수입을 둘러싼 이권과 청탁이 난무한다. 그 당시 이 업무를 관장했던 상공부(현 '산업자원부')가 복마전이란 오명을 뒤집어쓰기도 했다(오원철, 1996). 심지어 일부 기업들은 수출입링크제를 십분 활용하여 수입하기 위해 수출하며 그야말로 떼돈을 챙긴 것으로 알려져 있다. 1960년대 초반 삼성, 삼호, 락희(LG전신), 개풍, 극동, 대한, 동양 등 10대 재벌 대부분은 그 산하에 무역회사(주로 수입상의 역할)를 거느리고 있었다.

이상에서 살펴본 바와 같이 해방 이후부터 1960년대 중반까지 우리나라의 주요 대기업들은 적산기업의 불하, 원조달러의 배정, 은행융자, 수출입허가, 국가소유의 은행불하 등을 활용하여 부를 축적하며 성장 발전한다. 삼백 산업의 재벌들이 재계의 상위그룹에 포진한 가운데 6.25전쟁을 겪으면서 연합군과 국군에 군수품을 납품하는 업체와 사회기반시설과 산업시설을 복구하는 건설업체들도 부를 축적하며 재계에 모습을 드러낸다. 대표적 기업으로는 1955년도에 10대 재벌에 이름을 올린 현대건설이다.

1965년경 우리나라 대기업의 판도를 보면, 그 당시 공기업과 은행을 제외한 10대 민간 대기업 중 7개가 삼백 산업의 기업이었고, 이들 기업을 소유한 재벌들이 재계의 상위그룹에 포진한다. 삼성그룹을 예로 들면, 삼성물산, 제일제당, 제일모직을 배경으로 큰 돈을 버는 데 성공하고, 이를 바탕으로 1950년대 말경 정부의 은행 민간불하에 뛰어들어 그 당시 4대 시중은행 중 2개 은행(조흥은행, 한일은행 등)의 실질적인 소유주/대주주가 됨으로써 명실상부 산업과 금융을 동시에 소유한 우리나라 최대의 재벌로 등극하게 된다.

자립경제체제하에서 우리나라 재벌들은 사업을 경영하는 능력 이외에 정경유착과 부정부패로 몸집을 불리고 부를 축적한 것으로 알려졌다. 정부의 규제나 경제개입이 난무하는 자립경제체제에서는 정부나 권력자에 줄을 대어 수입인허가를 독점하여 돈을 벌려는 단기적 안목을 가진 장사꾼이 판을 치기 마련이다. 자립경제를 표방하며 문을 굳게 걸어 잠근 나라들이 기업가 정신 없이는 불가능한 제조업 건설에 실패하는 결정적 이유도 이 때문이고, 만연한 부패와 정경유착이 경제를 멍들게 만드는 이유도 바로 이 때문이다.

1961년 5.16 군사정변 이후 부정축재자로 지목된 28명의 기업인 명단에는 이병철, 정주영을 포함한 당시의 대표적 재벌 기업인 대부분이 포함될 정도였으니 정경유착이 얼마나 만연했는가를 쉽게 추측할 수 있다. 정경유착은 결국 부정부패이고 정치권력이 경제적 이권을 챙기려는 틈을 이용하여 기업들도 자신들의 배를 불리는 부패의 고리였다.

물론 미군정 및 자유당 정권 당시의 경제환경은 정치/관치가 경제와 결탁함으로써 시장경제가 제대로 작동하지 않는 구조였다. 이기적 인간들이 모인 "사람 사는 세상"에서 검은 돈에 눈먼 정치인들 그리고 이익 극대화를 위해 매진하는 기업인들이 서로 "누이 좋고 매부 좋은" 정경유착의 기회를 그저 흘려보냈을 리가 없었다. 기업은 주어진 환경을 극복하며 성장 발전하기 위해 최선의 선택을 하는 존재란 점에서 정치권력을 등에 업고 부를 축적하고 사업영역을 확장할 수 있는 정경유착의 기회를 결코 놓치지 않았던 셈이다.

6.2 수출제일주의의 실체

6.2.1 정부주도의 증거: 지원과 보호

박정희 정권 초기인 1963년까지만 하더라도 정책기조는 여전히 자립경제였다. 자립경제에 대한 미련을 버리지 못한 나머지 내자를 동원하기 위해 화폐개혁을 단행하기까지 한다. 그러나 불행 중 다행으로 화폐개혁은 실패한다. 이에 박정희 정부는 대내지향적 자립경제를 버리고 과감하게 수출중심의 경제체제로 방향을 튼다. 즉, 제1차 5개년계획 기간 중인 1964년 수출주도로 산업화(공업화) 전략, 즉 수출제일주의로 방향을 튼 것이다. 정책을 전환할 수밖에 없었던 또 다른 변수는 당시의 외환보유고였다. 외환보유고가 $2.05억(9161) → $1.67억(1962) → $1.37억(1963)로 점차적으로 줄어들자 수출을 늘리고 수입을 줄여 경상수지를 개선하고 외환보유고를 늘려볼 심산이었다.

수출제일주의를 최우선 국정과제로 정한 박정희 정부는 거국적으로 수출 진작에 나선다. 우선 정부는 수출품의 가격경쟁력을 높이기 위해 고평가된 원화의 가치를 달러당 130원에서 250원으로 떨어뜨린다.23 이와 함께 정부는 수출진흥종합시책을 발표하는데, 그 첫째가 수출품 제조업체에 대한 지원책이고 그 둘째가 무역업무에 대한 애로 타개와 장려책이었다(오원철, 1996: 230). 이 시책에 따라 수출금융의 확대 및 금리 인하, 수출용 중간재에 대한 수입관세의 환급 및 감면, 수출보조금 지급, 외화소득에 대한 법인세 및 소득세 80% 감면, 수출품 생산업체에 대한 시설기계 도입자금 및 시설개보수 소요자금의 지원 등 수출을 증대시키기 위한 금융 및 세제상의 우대조치가 시행된다. 이로써 지원과 보호 중심의 수출유인체계가 본격적으로 가동되게 된다.

---

23 경제안정을 바라는 미국도 이를 주장했다.

Laissez - faire

6.2.2 시장주도의 증거

수출제일주의는 개방과 개혁을 동반한 대외지향적 전략(Outward –
Looking Strategy: OLT)이다. 정부는 자유롭게 수출하고 이에 필요한 원
부자재 및 기계설비를 자유롭게 수입할 수 있는 자유무역의 경제환경
을 조성하기 위해, 먼저 굳게 닫혔던 대외(對外)의 문을 개방한다. 그
당시 개방의 수위는 선진국의 자유무역과는 거리가 있는 낮은 수위의
것이었지만, 그 이전의 시대와는 비교가 되지 않을 정도로 높았다는
점에서 우리나라는 사실상 자유무역으로의 행보를 대폭 넓힌 셈이다.

다음으로 정부는 기업이 수출입하고 사업하기 좋은 시장경제 환
경을 조성하기 위한 개혁을 추진하였다. 수출제일주의가 출범할 당시
의 우리나라 경제질서는 표면적으로 시장경제였지만 내용면에선 정부
의 경제 개입과 규제가 난무하고 이권과 특혜, 정경유착, 부정부패가
판쳤던 구시대의 자본주의질서였다. 즉, 시장경제가 제대로 작동하지
않는 자립경제체제요, 수입의 시대였다. 더구나 신생 독립국 한국의 법
체계는 정부의 인허가 절차를 밟아야 하는 것들로 가득 찬 Positive
System이었다.

때문에 정부는 법, 제도, 사업관행 등을 개선하기 위해 수출입에
장애가 되는 정부의 각종 규제, 간섭, 개입 등을 대폭 줄이고 다른 한
편으로는 무역관련 규제나 인허가 절차를 폐지하거나 대폭 간소화하
였다. 또, 국내의 법, 제도, 사업관행 등도 국제무역거래규범(예를 들면
예전의 GATT 및 지금의 WTO)에 맞추어 선진국형으로 개혁한다. 더 나
아가, 이를테면 공장을 설립하는 데 걸림돌이 되는 정부의 규제나 간
섭을 완화, 철폐하기 시작한다.[24]

---

24 상세한 내용은 김정렴(1990)에 잘 나와 있으니 관심이 있는 독자는 참조하기 바란다.

이와 같은 일련의 개혁과 개방의 조치로 인해 정부가 경제에 개입하거나 규제할 수 있는 여지가 현격히 줄어들고 기업이 사업할 수 있는 기회와 시장이 대폭 넓어진다. 때문에 수출제일주의는 수출을 증대시키기 위한 전략 그 자체로서의 의미보다는 레세-페르의 시장경제로 나아가기 위한 개방과 개혁으로서의 의미가 큰 전략이었다. 다시 말해, 수출제일주의는 시장경제가 제대로 작동할 수 있도록 유도한 그리고 세계의 수출시장을 겨냥한 것이라는 점에서 시장주도의 전략이라 할 수 있다.

개혁과 개방이 자유시장경제의 노선을 지향하는 가운데 대통령이 주재한 무역진흥확대회의는 그 노선을 향해 줄달음치도록 직접 채찍질을 가했다. 무역진흥확대회의는 1965년 2월 최초로 개최된 이래 기업활동 및 수출진흥에 걸림돌이 되는 각종 규제나 장애물을 걷어냄으로써 정부의 경제 개입을 대폭 줄이는 역할을 한다. 방대한 법규정 속에서 실타래처럼 얽혀 있는 규제를 하나씩 풀어 나감으로써 기업이 사업(특히, 수출입)하기 좋은 환경을 만든 것이다.

경제규제를 혁파하는 데 결정적 역할을 수행한 이 회의가 가져다 준 상징적 의미는 매우 크다. 대통령이 직접 시장경제의 환경을 조성하는 데 앞장서고 나섬으로써 규제혁파는 범 정부차원에서 조직적으로 추진된 것이나 마찬가지였다. 권위주의체제하에서 최고 통치자가 규제혁파를 솔선수범하며 시장에 힘을 실어주는 마당에 관료들이 이에 대해 엇박자를 낸다는 것은 상상조차 하기 어려운 일이었다. 이 회의에서 선제적으로 규제 완화를 제안했던 관료들이 출세가도를 달렸다는 일화는 관료들 역시 기업이 사업하기 좋은 나라를 건설하는 데 얼마나 열성적이었던가를 짐작할 수 있다. 기록에 따르면 업체가 건의한 무역관련 애로사항은 이 회의를 통해 대부분 해소되었던 것으로 알려져 있다.

파격적인 것은 대통령이 주재하는 정부의 공식 회의에 돈을 버는데 선수인, 장사꾼 기업인을 참석시켜 시장경제를 함께 논의했다는 사실이다.[25] 당시의 대다수 주요 기업인들은 5.16 혁명 정부에 의해 부정축재자로 지목된 사람들이었다. 경제는 기업이 주도하는 것인데, 그 당시 재계 상위 그룹에 속하는 기업인들 대부분이 부정축재자로 지목된 상황에서 경제개발계획이 제대로 추진될 수 없다고 판단한 혁명 정부는 사업보국과 경제개발 사업 동참을 명분으로 이들 대부분을 풀어준다. 대신, 이들 소유의 4대 시중은행을 모두 국유화하고 이들의 재산 일부를 국고로 환수하며 이전의 정경유착에 대한 대가를 치르게 만들었다.

대통령이 기업인들과 한 자리에 앉아 경제를 논의한 것은 유사이래 처음 있는 일이었다. 사농공상 신분질서의 잔재가 여전했던 당시의 시대적 상황에서는 매우 이례적 사건이었다. 그러나 좀 더 깊이 생각해보면, 이는 시장경제를 기업인들을 중심으로 끌고가 경제의 성장 발전을 도모하겠다는 대통령의 강력한 의지의 표출이었다. 때문에 우리나라의 무역진흥확대회의는 다른 개발도상국들의 유사한 회의와 차별되는 것으로 분석되고 있고, 이것이 우리나라의 수출제일주의가 탄력을 받고 추진되는 데 중요한 역할을 하였다는 분석도 있다.

수출제일주의가 정부가 아닌 시장의 선택임을 보여주는 증거는 더 있다. 수출제일주의가 기업인들의 건의에 따른 것이라는 주장이 바로 그것이다. 그 건의가 수용된 배경을 파악하기 위해선 제1차 경제

---

25 대통령은 수시로 기업인들을 청와대로 불러 허심탄회하게 경제 현안을 논의하며 시장이 목소리에 귀를 기울이고 기업인들의 아이디어를 수용하고 적극 지원하였다. 그 과정에서 기업이 사업하는 데 걸림돌이 뇌는 징애요인들이 많이 제거되었다는 것을 쉽게 짐작할 수 있다.

개발5개년계획으로 거슬러 올라가야 한다. 동 계획에 따르면 수출은 공산품이 아닌 농산물 및 광물에 초점이 맞추어져 있었다. 1962년의 수출 규모는 고작 $5,500만 달러, 수출의 75%는 주로 돼지, 생선, 김, 조개, 흑연, 중석 등과 같은 1차산품 위주였으므로 성장전략의 무게 중심은 당연히 농업/광업으로 기울어졌다. 이와 같은 성장전략은 "농업 부문에 우리가 비교우위가 있다"는 1950년대의 한국경제재건계획('네이산 보고서')과 그 맥락을 같이하는 것이었다. 참으로 흥미로운 사실은 당시의 내놓으라 하는 경제학자들도 농업을 주력산업으로 키워야 한다고 주장했다는 점이다.

　그런데 정부의 이와 같은 농업/광업 위주의 성장 전략에 대해 기업인들이 이의를 제기하고 나섰다. 당시의 주요 기업인들(삼성 이병철, 천우사 전택보 등)은 수출로 성장 발전하는 데 성공한 일본의 사례를 예로 들며 공산품 중심의 수출로 정책을 전환해야 한다고 건의한다. 경제일선에서 수출의 중요성을 간파한 기업인들의 동물적 감각을 믿은 박정희 대통령이 마침내 이를 수용하기에 이른다. 이 에피소드는 자신에게 유리한 환경을 이끌어내며 자본을 축적하고 스스로 성장 발전하는 기업의 필사적 노력이 수출제일주의 탄생의 사실상의 주역이었음을 말해주는 증거다. 사실 인도와 말레이시아 모델을 참조한 것으로 알려진 우리나라의 제1차 경제개발5개년계획은 의욕만 앞세운 나머지 내용상 상당히 허술한 구석이 많았고, 따라서 수출제일주의와 같은 구체적인 정책은 기업인들이 주도할 수밖에 없었던 것으로 분석되고 있다.

　"… 특히 수출드라이브를 추진하는 과정에서는 그(박정희)의 이니셔티브가 미국의 힘보다 크게 작용했다고 할 수 있다. 그런데 기업가들은 자신들의 요구가 박정희의 지도력보다 크게 작용했다고 주장한

다. 전국경제인연합회(전경련)의 주장에 의하면 1차계획 원안의 농업
주도적 정책에 기업가들이 강력히 반발해 공업주도를 관철시켰다는
것이다. 1963년 1월 8일 전경련은 박정희 의장과 몇몇 관료들을 회의
에 초청해 … 당시의 수출액인 연간 4천만 달러의 10배에 해당하는 4
억 달러의 수출산업 개발이 쉽게 가능하다면서 수출제일주의 정책을
건의했다는 것이다. 박정희 의장은 이 새 전략에 매우 고무되어 수출
산업 발전을 위한 총력지원 정책을 채택할 것을 약속했다는 것이다.
또한 김인영 교수는 국가론자(Statist)들이 정부의 역할을 과장하는 것
을 비판하면서 주요 경제정책 수립에서 국가의 주도보다 기업의 주도
가 돋보였다고 주장했다. … 정부는 수출산업 기업인들의 수출진흥을
위한 요구라면 거의 다 들어주었다고 한다(이원범, 2006: 170 – 171)."

6.3 중화학공업화의 실체

6.3.1 정부주도의 증거: 지원과 보호

우리나라의 중화학공업화의 태동 과정을 보면 선별적 산업육성
전략(Industrial Targeting Strategy: ITS)의 일환으로 추진된 관치의 작품
임을 알 수 있다. 1973년 1월 12일 박정희 대통령이 연두기자회견에
서 '중화학공업화 선언'을 한다. 당시 경공업 위주였던 우리의 산업구
조를 중공업으로 바꾸는 일대 전환을 의미하는 이 선언의 출발점은
방위산업의 육성으로 알려져 있다. 남한의 군사장비가 북한의 1/3 수
준에 불과하였던 당시의 상황에서 주한미군의 철수가 공론화되자 방
위산업 육성은 발등에 떨어진 불이나 마찬가지였다. 1971년 3월 마침
내 미국 닉슨 정부가 '아시아는 아시아인의 손으로'를 외치며 일방적
으로 주한 미군 7사단의 철수를 단행하자 정부는 국군 현대화 5개년

계획을 수립하며 방위산업 육성을 서둘러 추진한다.

문제는 중화학공업을 육성하지 않고서는 방위산업의 육성이 불가능하다는 점이었다. 이런 문제를 제기한 오원철의 건의를 받아들여 마침내 중화학공업 육성으로 방향을 튼다. 물론 경제적 측면의 판단도 그 선언을 이끌어 낸 배경이다. 수출지원정책에 의존한 그간의 경공업제품으로는 수출 목표(1980) 100억 달러를 달성하기가 어려울 것이라는 판단이 내려졌고, 경제가 성장함에 따라 자본재 및 중간재 수요가 폭발적으로 증가하였는데 이것을 거의 대부분 수입에 의존하다 보니 무역수지 적자가 해마다 늘어만 갔다. 따라서 중화학공업을 육성해 중간재 및 자본재를 국산화함으로써 국제수지 적자를 줄일 필요성이 있었다고 판단했다.

물론 중화학공업이 동 선언을 계기로 어느 날부터 갑자기 추진된 것은 아니다. 동 선언 이전에도 이미 중화학공업화는 시동이 걸린 상태였다. 정부는 제2차 5개년계획 기간 중(1967~1971)에 기계공업진흥법(1967), 조선공업진흥법(1967), 섬유공업근대화촉진법(1967), 전자공업진흥법(1969), 석유화학공업육성법(1970), 비철금속제철사업법(1971) 등 6개 특정 공업법을 제정함으로써 선별적 산업육성을 위한 법적·제도적 장치를 마련하였다.

중화학공업화 선언에 따라 중화학제품 중 수출 가능성이 크고 산업 연관효과가 큰 것으로 판단되는 철강, 조선, 석유화학, 전자, 기계(자동차 포함), 비철금속 등 6개 분야를 우선적으로 선택하여 이를 집중적으로 육성하는 ITS의 방침이 정해졌고, 차후 이를 위한 세부 실행계획도 마련되었다. 실행계획의 예를 들어 보면, 석유화학공업 개발계획 및 단지화 전략, 철강공업육성 종합계획, 전자산업육성 8개년계획, 장기 자동차공업 진흥계획, 철강산업육성방안 등이 있다.

그러나 문제는 투자였다. 공장을 짓고 기계설비를 들여오는 등 투자를 담당할 주체는 민간기업이기 때문이었다. 참여 기업은 투자금의 30% 정도를 자체적으로 충당하고, 나머지는 대부분 은행차입이나 해외차입으로 조달해야 했다. 당시 우리나라 민간기업은 중화학공업에 투자할 만큼 충분한 자본을 축적하지 못했을 뿐 아니라 자본(증권)시장도 성숙하지 못해 이를 통한 자금조달도 어려웠다. 또한 사업 규모에 비례해 위험도 그만큼 크기 때문에 민간기업들이 선뜻 나서지 않았다. 이외에도 중화학공업에 필요한 산업인력이나 기술 등도 턱없이 부족한 상태였으므로 민간기업이 중화학공업 육성에 자발적으로 참여하기 어려운 여건이었다.

머뭇거리는 민간기업의 적극적인 참여를 유도하기 위해 다음과 같은 정부의 파격적인 금융, 세제 우대조치가 시행되었다.

"첫째, 이른바 관치금융을 통해 중화학공업 건설에 소요되는 자금을 무제한 공급했다. 정부는 산업은행 등 국책금융기관을 통해 장기저리의 자금을 공급하는 한편 국민투자기금(시중은행도 일부 출연했다)을 설립해 장기저리의 설비금융을 제공했다. 1974년 초 석유파동으로 원유를 비롯한 고철, 원목, 펄프, 농산물 등의 수입물가가 폭등해 인플레이션 압력이 가중될 때도 정부는 확장적 재정금융정책을 고수하면서까지 중화학건설에 필요한 투자자금을 지원했고, 그래도 부족한 부분은 시중은행을 통해 공급했다. 일반대출에 비해 금리도 5%p 정도 낮고 상환기간도 8~10년으로 장기였지만 시중은행은 사실상의 주인인 정부의 지시에 따라 정책금융의 창구 역할을 했다. 이와 같은 정책금융 이외에도 정부는 민간기업의 외자도입에 대해 지급보증을 하면서까지 금융지원을 아끼지 않았다.

둘째, 근대화의 기수인 산업기술인력을 공급하기 위해 공업계 고등학교를 중심으로 기능인력을 양성했다. 공업계 고등학교에 정부 특별지원금을 배정하는 한편, 금오공고, 부산기계공고 등 11개 특성화 고등학교를 설립해 산업계의 인력수요에 부응했다. 민간기업에도 공고 설립을 강력히 권해 포항공고, 동아공고(동아그룹), 대림공고(대림산업) 등과 사내 직업훈련소가 설립되었다.

셋째, 기술도입을 자유화하는 한편 연구개발 지원을 강화하기 위해 기술 관련 정부출연 연구소를 신설하거나 확대 개편했다.

넷째, 산업기지개발공사를 통해 중화학공업이 입주할 양질의 산업공단을 조기에 조성하고 분양했다. 창원기계공업단지, 울산석유화학공업단지, 여천종합석유화학단지, 구미전자공업단지 등 국제 규모의 대규모 공업단지가 건설되었다.

이외에도 정부는 중화학사업의 추진상황과 진척도를 점검하고 건설을 독려하는 등 사업에 적극적으로 개입하였다. 또, 업종별로 참여업체 수를 제한해 사업권을 보장하는 등 파격적인 유인책도 제시한다. 특히, 민간기업의 참여를 유도하고 활성화시키기 위해 세금감면, 보조금 지급, 앞서 서술한 저리의 장기자금공급 등과 같은 금융 및 세제상의 혜택을 제공한다. 또, 해당 분야에 진출한 국내의 산업을 보호하기 위해 관세장벽을 높이는(예: 자동차 관세율을 150%→250%로 상향 조정) 등 보호주의적 정책을 전개하기도 했다.

더 나아가 정부가 직접 나서 추진한 중화학사업도 있다. 예를 들면, 정부는 예산, 대일청구권 자금 등을 투입하여 '산업의 쌀'로 불리는 철을 생산하는 포항제철을 직접 건설하였다. 또한 공정상 10여 개 이상의 공장을 한꺼번에 건설해야 하는 석유화학단지도 정부가 예산을 투입하며 직접 건설하였다. 울산석유화학공단 건설은, 정부가 단지조성에서부터 합작투자회사 및 민간 참여기업의 선정, 석유화학지원공단

의 설립 그리고 금융 및 세제상의 지원책에 이르기까지 공단건설 및
운영에 필요한 전 과정을 주관한 것이다. 정부의 석유화학공업 건설은
직접 합성섬유공업으로의 길을 열었다는 점에서 한국형 산업혁명은 정
부에 의해 시동이 걸렸다는 주장도 있다(오원철, 2006).

　　개발연대의 중화학공업화를 실무적으로 진두지휘한 것으로 알려
진 (전)청와대 경제 제2수석 오원철의 저서는 정부가 경제건설의 모든
과정에 얼마나 상세하고 깊숙하게 개입하였는가를 잘 보여준다. 총5
권에 이르는 오원철의 방대한 저서 및 그 후속 저서에는 정부의 정책
이나 그것을 실천한 구체적 계획들 그리고 이 모든 것을 앞장서 끌고
가는 대통령 및 그 참모, 관료들의 역할이 중점적으로 다뤄져 있다.
반면에 부를 창출하는 민간기업의 역할은 한 페이지 분량에 그친다.
이 저서 외에도 대통령 비서실장을 역임한 김정렴의 저서도 있는데,
이것 역시 우리의 경제개발을 정부의 인위적 노력에 초점을 맞추어
조명하고 있다.

　　"1960~1970년대의 우리나라 경제는 눈부시게 발전했고, 산업구
조도 대변혁을 했다. 1960년 시점에서 우리나라의 경제는 "기아선상
에서 허덕이는 민생고"라는 표현 그대로였다. 농업을 제외하고는 거
의 아무 것도 없는 상태에서 출발했다. 그래서 우리나라는 경제발전
을 시킨 것이 아니라 경제건설(Economic Construction)을 했다고 누누이
설명했다. 경제가 아무 것도 없으니, 새로 집(가옥)을 건축하듯 경제를
새로 건설했다는 뜻이 된다(오원철, 1996: 262)."

　　이와 같은 정부의 지원과 보호 그리고 육성이라는 관치의 증거를
근거로 우리나라의 중화학공업화는 정부가 앞에서 끌고, 은행이 투자
자금을 공급하고, 기업이 사업을 진행한, 이른바 정부－은행－기업의
트로이카 제세의 성과로 여긴다. 혹은 "정부가 앞에서 끌고 민간기업

이 나중에 참여했다"는 점을 내세우며 관민협동체제의 결과로 묘사하기도 한다.

"결론적으로 한국의 경제발전과정에서는 사회주의 국가와 달리, 기업가가 국가경제건설에 참여하고 열심히만 뛰면 이윤이 생기고 돈도 벌 수 있었다. 그래서 재벌도 생겨나게 된 것이다. … 그리고 이렇게 국가경제건설계획을 세우고 이 틀 안에서 산업을 육성했다고 해서, 권위주의적 행정이라는 논쟁거리도 생겨나게 된 것이다. 특혜라는 말과 정경유착이라는 말이 유행하게 되었다. 불균형성장정책(不均衡成長政策)이라고도 했다. 그러나 이는 엔지니어링 어프로치[26]의 본질에서는 찾아볼 수 없는 말이다(오원철, 1996: 276-277)"

6.3.2 정부주도의 사례: 공기업의 성장 기여도

관치경제를 주장하는 사람들은 정부가 공기업을 통해 직접적으로 경제건설에 참여하였다는 점을 내세운다. 사실, 개발연대 초창기인 1960년대 초만 하더라도 우리나라의 민간 기업들은 규모가 작았고 자본축적 또한 부족한 상황이었으므로 민간 기업들이 적극적으로 투자에 나설 형편이 되지 못했다. 이에 비해 정부가 직간접으로 소유한 공기업이나 공장은 대부분 그 덩치가 컸고, 따라서 정부는 경제개발의 핵심 전략적 수단으로 공기업을 활용한 것으로 분석되고 있다. 즉, 정부가 재정투융자를 동원하여 공기업에 대한 투자를 늘리는 등의 방식으로 경제개발에 직접적으로 참여하고 나선 것이다.

구체적으로 보면, 정부는 제1차 5개년계획 당시에는 에너지 자원을 확보하고 기간산업을 확충하며 사회간접자본을 확보하기 위한 전기, 정유, 광업제련, 항공 관련된 공기업과 식량증산에 소요될 비료공

26 효율 및 이론 극대화를 추구하는 경제건설

▶ 표 1-1 개발연대의 주요 공기업(1960/1970년대)

산업분야	공기업명
운수업	철도청(해방 전), 대한해운공사(1950), 대한통운주식회사(1961), 대한항공공사(1962)
에너지	대한석탄공사(해방 전), 한국전력공사(1961), 대한석유공사(1962), 한국석유개발공사(1977)
광업	대한중석공사, 대한철광개발주식회사, 광업재련공사(1961), 광업진흥공사(1967)
중공업	인천중공업주식회사(1962), 한국기계공업주식회사(1963), 대한조선공사(1950), 포항종합제철주식회사(1968)
화학공업	충주비료주식회사(1958), 충남비료주식회사(1963), 한국비료(1963), 종합화학주식회사(1973)
건설업	대한주택공사(1962), 한국도로공사(1969), 산업진흥공사(1970), 산업기지개발공사(1974)
금융업	중소기업은행(1962), 국민은행(1963), 대한재보험공사(1963), 한국주택은행(1967), 외환은행(1967), 한국신탁은행(1968), 한국산업은행(1969), 수출입은행(1976)
기타	대한무역진흥공사(1962)

주: ( )은 설립연도를 나타냄
출처: 재정 40년사 p. 640

장 등을 신설하였다. 제2차 5개년계획 기간 동안에는 식량자급과 수자원개발을 위한 공기업을 만들고 화학, 철강, 기계공업의 기반조성을 위한 공기업을 신설하였다. 제3차 5개년계획 기간 중에는 중화학 공업의 고도화를 달성하기 위한 공기업과 국토자원의 효율적 개발과 산업 및 인구의 적정 배분을 위한 공기업들이 건설되었다.

그렇다면 정부의 직접적 경제건설 참여는 성장 발전에 어느 정도로 기여했을까? 다음의 두 측면에서 검토하여 보자.

먼저 공기업의 성장 기여율을 통해 살펴보자. 분석결과에 따르면 개발연대 기간(1963~1975) 중 비농림 GNP에서 공기업이 차지하는 비중은 평균 12%로 기간 중(1963~1984)의 평균인 11.6%와 별 차이가 없다(사공일, 1979). 예상대로 공기업의 성장 기여도가 시간이 흐르면서 상대적으로 낮아지고 있고 경제개발 초기에 공기업의 성장 기여도가

▸ 표 1-2 공기업부문의 부가가치 기여율   (단위: 10억원, %)

연도	공기업 부가가치(A)	A/GNP	A/비농림GNP
1963	31.4	6.7	12.4
1964	41.6	6.1	12.0
1970	220.8	9.2	13.0
1975	737.5	8.3	11.3
1980	3,461.0	9.1	10.7
1984	6,707.9	9.7	11.2
1986	9,032.9	9.1	10.5

출처: 재정 40년사 p.620

상대적으로 더 높았다.

　　그러나 기간 중 고저 진폭이 2.5%P 밖에 안 된다는 사실은 공기업이 개발연대의 경제 성장 발전에 결정적인 기여를 하였다는 기존의 평가에 의문을 던지기에 충분한 것이다. 물론 2000년대(2005~2008)의 공기업의 성장 기여도 3.3~4.7%(성명재 외, 2010)에 비하면 아주 높은 수준이라는 점을 들어 경제개발 초기 공기업이 경제개발의 전략적 핵심 수단으로 사용되었다고 주장할지도 모른다. 그러나 이는 적절한 비교는 아니다. 그동안 공기업의 민영화는 정책적으로 지속되어 왔고, 따라서 2000년대에 이르러서는 민간의 비중이 월등해진 관계로 공기업의 성장 기여율이 크게 낮아진 건 당연한 일이기 때문이다.

　　다음으로 정부의 투자활동을 통해 살펴보자. 통계를 보면 총국내 고정자본 형성에서 공기업과 정부(공공부문)가 차지하는 비중은 평균 41%이다. 그 비중이 가장 높았던 때는 1981년(46%), 가장 낮았던 때는 1980년이고, 경제개발 초기인 1963년의 비중은 비교 기간 중의 평균치와 비슷한 41.2% 수준이다. 경제개발 초기 사회기반시설은 너무나 취약하였고, 이를 늘리기 위해 정부가 도로, 철도, 항만, 비행장, 통

▶ 표 1-3 공기업부분의 고정자본형성 비중   (단위: %)

연도	총 국내 고정자본 형성				
	합계	공기업	정부	민간기업	개인
1963	100.0	31.7	9.5	32.0	26.8
1970	100.0	18.9	19.1	42.2	19.8
1975	100.0	33.2	11.6	31.9	23.2
1980	100.0	27.6	7.0	41.5	23.9
1981	100.0	30.7	15.3	33.7	20.3
1984	100.0	21.2	15.4	40.8	22.6

출처: 재정 40년사 p. 621

신시설 등의 사회간접자본 투자를 게을리 할 수 없는 상황이었다. 그러나 앞서의 통계는 당시의 공공부문 고정투자 비중이 상대적으로 높았을 것이라는 일반적인 추측과는 어긋나는 것이다. 이러한 사실로 미루어볼 때 개발연대에 공공부문이 총국내고정자본 형성에 있어서 주도적인 역할을 수행하였다고 단정 지을 수만은 없다.

위의 통계가 과연 오원철의 주장이나 개발경제학 관점의 기존 평가를 정당화시킬 수 있을 만큼 만족스러운 것일까? 혹시 정부가 적극적으로 공기업의 신설 및 증설을 통해 경제건설을 총대 메고 나선 것에 비해 통계가 받쳐주지 못하는 것은 아닐까? 성장의 기여율로만 따지면 주인공은 88%를 기여한 민간부문이다. 통계로만 보면 정부가 경제건설을 주도했는가는 여전히 의문거리가 될 수 있다. 물론 민간부문이 정부의 경제개발계획으로 생겨난 사업/일거리를 수행하는 과정을 통해 그 정도로 기여하는 것이 가능했다고 주장할지도 모른다.

실례로 현대건설은 정부가 발주한 경부고속도로건설에 참여하면서 도약의 발판을 마련하였다고 알려져 있다. 높은 수준의 정부 고정투자율도 이 주장을 뒷받침할 수 있는 증거다. 즉, 정부의 주도적 투자활동은 민간에게 사업참여의 기회를 제공할 뿐만 아니라 이것 없이는 민간 기업이 제대로 성장하지 못하였다고 볼 수도 있기 때문이다. 그러나 사회간접자본에 대한 투자를 계속 확충하여 기업들이 사업하기 좋은 환경을 제공하는 것은 정부 본연의 임무라는 것을 감안하면 그 주장은 설득력이 떨어진다고 판단할 수밖에 없다.

6.3.3 시장주도의 증거

시장/기업이 중화학공업화를 끌고 간 시장주도의 증거 역시 여럿이 있다. 그 중 중요한 것 몇 가지만 살펴보자. 첫 번째 증거는 중화학공업화 선언 이전에 몇몇 기업들은 이미 중화학공업에 진출해 있다는 점이다. 1960년대 후반부터 경제성장과 더불어 임금이 오르면서 저임금에 의존한 경공업제품의 가격경쟁력이 점차 약화되고 있었다. 이때문에 재계는 자체적으로 중화학공업으로의 진출을 고려하지 않을 수 없었다. 더구나 이웃나라 일본의 기업들이 수출하는 기계류, 철강제품, 석유화학제품 등의 중화학제품은 우리 기업이 주로 수입하는 반제품이나, 자본재 등이었으므로 이를 국산화하기 위한 수단으로서의 중화학공업 투자는 당연한 것으로 여겼다. 스스로 성장 발전하는 길을 찾아야만 하는 기업으로선 중화학공업 제품으로 수출의 새로운 돌파구를 찾는 것은 선택이 아닌 필수였다.

재계가 스스로 제일 먼저 발을 담근 중화학 업종은 조선과 전자였다. 그 당시만 하더라도 이들 두 업종은 중화학공업 중에서도 비교적 노동집약적 성격이 강한 업종이라는 판단이 작용했기 때문이다. 1972년 현대조선소가 기공식을 가진 것을 비롯해, 삼성과 대우 그룹도 조선업종에 뛰어들며 이들간의 경쟁체제가 갖춰진다. 1969년 삼성그룹은 일본의 산요전기와의 합작투자를 통해 삼성전자를 설립하여 전자업종에 스스로 발을 담그며 금성사(현, LG전자의 전신)와 경쟁구도를 형성한다. 현대중공업과 삼성전자의 성장 발전 과정은 나중에 다시 살펴보기로 한다.

　두 번째 증거는 정부가 중화학공업육성과 관련된 지원, 보호, 육
성의 각종 유인정책을 펼쳤다는 사실 그 자체다. 만약 정부주도라면
민간기업의 중화학공업 참여를 유도하기 위한 이런 유인정책을 구사
할 필요가 있었을까? 정부 정책이 민간의 진입 유도에 초점이 맞춰져
있었다는 사실은 중화학사업이 민간주도라는 것을 간접적으로 말해주
는 증거다. 포항제철 및 석유화학공단을 제외한 대부분의 중화학사업
이 사기업의 형태로 추진되었다는 점에서 이 판단의 신빙성은 높다.
심지어 석유화학공단도 정부가 건설한 후 이를 곧바로 민간기업에 불
하하여 진행됐을 정도로 시장주도의 흔적이 역력하다.

　만약 모든 중화학공업이 공기업/국유기업 형태로 추진되었다면
그 결과는 어떠했을까? 사기업에 비해 혁신과 기업가 정신이 상대적
으로 부족할 수밖에 없는 공기업/국유기업으로는 그 성공을 장담할
수 없었을 것이다.

　민간주도의 세 번째 증거는 중화학공업 투자가 실질적으로 단행
됐던 시기이다. 사실, 아무리 금융 및 세제상의 특혜를 제공한다고 해
도 민간기업의 투자여력이 없으면 중화학공업화는 어렵게 된다. 그
당시 민간기업들은 자본축적이 부족하여 스스로의 힘으로 중화학공업
투자를 계속할 여건이 되지 못하였다. 당시의 참여 기업들은 중화학
공업화 투자에 미온적이었던 것도 바로 이 때문이다.

　실제로 1973년 1월 중화학공업화 선언이 있은 이후 약 2년여 동
안 중화학분야 참여기업들의 투자는 예상대로 진행되지 않는 등 한동
안 중화학공업화는 지지부진하였다. 1973년 그 당시 세계경제를 강타
한 오일쇼크로 인해 기업들이 중화학공업에 투자할 능력을 송두리째
앗아갔고 이런 상황은 1974년도에도 나아지지 않았으므로 정부가 치
켜든 중화학공업화의 깃발은 한동안 색이 바랜 상태였다. 그 당시 중

화학공업에 발을 담근 업체라고 해봐야 조선분야의 현대중공업 그리고 자동차 분야의 기아산업, 선진자동차공업(대우자동차, GM대우의 전신) 등 소수에 불과하였고 나머지 대부분의 중화학 분야는 새로운 주인을 기다리고 있었다고 해도 과언이 아니다.

그러나 1975년 이후 우리나라 기업들이 중동 건설특수로 큰돈을 벌면서 상황이 급반전하기 시작한다. 거의 불모지나 다름없었던 중화학 분야에 모두가 앞 다퉈 뛰어들기 시작한 것이다. 중동 붐을 타고 기업들이 자본을 축적한 것은 다름아닌 기업가 정신 때문이라는 것을 증명하는 다음의 일화를 살펴보자(이명우, 2013).

1975년 여름, 박정희 대통령이 정 회장을 청와대로 급히 불렀다고 한다.

"달러를 벌어들일 좋은 기회가 왔는데, 일을 못 하겠다는 자들이 있습니다."

"무슨 이야기입니까?"

정 회장의 물음에 대통령의 설명이 이어졌다.

"석유파동으로 유가가 올라 지금 중동 국가들이 벌어들인 달러를 주체하지 못한답니다. 그 돈으로 사회 인프라를 건설하고 싶어 우리나라에 건설 사업 참여 의사를 타진해왔습니다. 그런데 현장 조사차 보낸 공무원들이 돌아와서 한다는 이야기가 너무 더워서 낮에는 일할 수 없을 뿐더러, 공사에 절대적으로 필요한 물도 없어 건설을 할 수가 없는 나라라고 합니다. 안 된다는 이야기만 늘어놓아요. 정 회장이 상황을 한 번 봐주시오. 만약 정 회장도 안 된다고 하면, 나도 포기하지요."

급히 사우디로 갔던 정 회장은 5일 만에 다시 청와대에 들어가 이렇게 보고한다.

"지성이면 감천이라더니, 하늘이 우리나라를 돕는 것 같습니다. 중동은 이 세상에서 건설 공사를 하기에 제일 좋은 지역입니다. 1년 열두 달 비가 오지 않으니 1년 내내 공사할 수 있습니다. 건설에 필요한 모래, 자갈이 현장에 바로 있으니 자재 조달도 쉽고요."

"물은요?"

"그거야 어디서 실어오면 되고요."

"50도나 되는 더위는요?"

"정 더울 때는 천막을 쳐서 낮에는 자고 밤에 일하면 되지 않겠습니까?"

뜨거운 햇살이 공무원들에겐 건설 불가능의 조건이었지만, 정 회장에겐 건설 최적의 조건으로 판단되었다. 그에겐 숨겨진 기회를 보는 눈이 있었던 것이다.

이렇게 시작된 중동특수는 분명한 시장, 즉 기업의 선택이다. 우리나라 기업들은 중동에서 벌어들인 오일달러를 바탕으로 정부의 지원과 보호가 뒤따르는 그리고 앞으로 돈이 될 것으로 예상되는 발전설비, 자동차, 제철 및 제강, 중전기, 엔진, 석유화학 등의 중화학 분야에 너도나도 앞 다퉈 진출하기 시작한다. 새로운 회사를 세우거나 기존의 회사를 인수하는 등의 방법으로 스스로 적극적으로 뛰어들기 시작한 것이다.

현대 그룹은 현대중공업을 필두로, 현대자동차, 현대엔진, 현대정공, 인천제철, 대한알루미늄, 극동석유 등의 중화학 분야에 진출한다. 삼성그룹도 삼성조선, 삼성전자, 삼성정밀, 삼성전관, 삼성석유화학 등의 중화공업에 손을 댄다. 이외에도 대우그룹, 쌍용그룹, 효성그룹, 롯데그룹, 미원그룹, 두산그룹, 대림산업, 삼환기업 등 대부분의 재벌그룹이 중화학공업에 적극적으로 뛰어들고, 심지어 경공업 분야의 업체였던 동명목재 및 태화고무도 중화학 분야에 뛰어들 정도였다.

굴지의 재벌그룹들이 벌인 중화학공업으로의 진출 러시는 1978년도에 이르러 경기과열 및 중복투자 과잉투자의 논란을 야기할 정도로 거세었으며 실제로 1980년대 제5공화국에 들어 중복투자 조정이 단행되기도 했다. 이처럼 우리나라 기업들이 스스로 중화학 분야에 뛰어드는 과정은 중화학공업화가 시장, 즉 기업의 선택이 결정적인 역할을 하였음을 잘 보여준다. 시장경제의 나라 대한민국에서는 아무리 정부주도의 국책사업이라 할지라도 민간기업의 자본축

적이 전제되지 않고서는 불가능할 수밖에 없었다는 사실을 여실히
증명한다.

7. 정부주도의 허와 실

경제번영의 원동력이 정부인지 시장인지는 따지고 들어가면 생각
보다 훨씬 복잡하고 기술적인 문제가 많다. 앞서 살펴본 대로 박정희
정부가 구사한 주요 전략/정책을 보면 정부주도 및 시장주도의 증거가
넘쳐나고, 더구나 각각의 개별 전략/정책(이하, 기술의 편의상 정책, 전략
은 동일한 의미로 사용한다)에도 두 증거가 함께 섞여있어 그 성격을 구
분짓기가 모호하다. 예를 들면, 시장경제 자유무역을 상징하는 수출제
일주의전략(OLT)에는 List가 말한 지원과 보호의 증거가 있고 반면에
지원과 보호 중심의 특정산업육성정책(ITS)에도 시장주도의 증거도 있
다. 또한 공기업의 성장기여도가 10%에 달할 정도여서 Gerschenkron
이 주장한 국가주도의 증거도 있다.

이와 같이 시장주도와 정부/국가주도의 구분이 쉽지 않고 그 성
격이 혼재된 정책을 동시에 구사하였다. 따라서 우리나라 경제도약의
원동력이 시장이냐 정부냐를 따지기 위해서는 각각에 속하는 전략을
더 구체적으로 구분할 필요가 있다.

경제학계의 구분에 따르면, 국가주도의 전형적 전략은 List가 주창
한 지원과 보호 중심의 유치산업육성정책이다. 이 정책은 산업을 육성
하기 위해 국가가 경제에 강력하게 개입하는 것이 특징인데, 우리나라
의 선별적 산업육성전략(Industrial Targeting Strategy: ITS)이 여기에 해당
된다.

반면에, 경제학계가 시장주도의 속성을 지닌 것으로 지목한 전략은 수출지향적, 즉 대외지향적 전략(Outward-Looking Strategy: OLT)이다. 혹자는 정부가 OLT를 입안하고 시행하는 주체라는 점을 들어 국가주도의 전략이라고 주장하기도 한다. 그렇지만 OLT의 본질은 규제를 완화하여 국가의 경제개입/간섭을 줄인 레세-페르의 시장경제라는 점에서 분명한 시장주도의 전략이다.

학계는 이와 같이 ITS는 국가주도의 그리고 OLT는 시장주도의 전략으로 분류하여 논의하였다. 당연한 결과지만 Smith/Ricardo를 따르느냐의 여부에 따라 학계의 주장은 극명하게 엇갈린다. 즉, 대체적으로 레세-페르의 시장경제를 신봉하는 주류경제학자들은 자유주의 속성의 OLT를, 반면에 Keynesian 및 비주류경제학자들은 개입주의 속성의 ITS를 우리나라의 성장엔진으로 각각 지목한다. 그렇지만 결과적으로 볼 때 개입주의를 추종하는 주장들이 주로 부각되었다. 옛 말에도 "가난은 나라님도 구제하지 못한다"고 했는데도 정부주도의 성공신화를 믿은 것이다. 우리나라에서 특혜와 정경유착의 시비가 곧 잘 제기되는 배경도 경제번영을 국가의 인위적 개입의 결과로 간주하기 때문이다.

7.1 정부주도의 성공신화: 절반의 진실

그러면 정부주도가 거의 통설로 굳어진 이유를 몇 가지만 추려보자. 첫째, 경제도약을 전후한 제반 환경을 보면 국가주도가 당시의 정황을 훨씬 더 잘 반영한 것이라 할 수 있다. List의 주장은 경제도약을 설명하기 위한 것이라는 점을 감안한다면, 개도국 중에서도 최빈국에 속했던 한국에게는 "국가가 경제에 강력하게 개입하여 성공하였다"는

것이 더 어울리는 평가임이 분명하다. 이런 평가는 "국가개입의 정도
는 그 나라의 상대적 후진성에 비례한다"고 지적한 Gerschenkron의
주장과도 상통하는 해석이다.

실제로, 개발연대는 정치적으로 권력의 정점에 있는 대통령 및
주위 소수의 경제실세들이 절대적인 영향력을 행사하는 권위주의체제
였던 top down의 시기였다. 더구나 시장경제의 역사가 채 20년도 안
된 나라였으므로 국가/정부가 경제개발의 주도권을 거머쥐고 요소축
적을 독려하고 유도하는 등 경제에 적극적으로 개입할 수 있는 여지
가 아주 많았다. 무엇보다 당시만 하더라도 국가는 공무원이라는 유
능한 인재를 보유한 유일무이한 거대 조직이었다.

따라서, 그 시절은 실제로 국가/정부가 경제도약을 주도한 것인
지의 여부와는 상관없이, "국가가 지원, 보호, 육성의 경제개발계획을
펼쳤고 결과적으로 성공하였다"는 그 사실 자체만으로도 우리의 경제
개발은 톱다운(top down)의 국가주도가 먹혀들 수밖에 없는 상황이었
다. 실제로 경제학 지식이 부족한 사람들은 대개 이 점들을 들어 정부
주도라고 오해하는 경우도 많다. 경제도약의 공을 대통령을 포함한
소수의 실세 경제관료에게로 돌리고 있는 두 진영의 믿음도 상당 부
분 이런 오해에 바탕을 둔 것으로 판단된다.

둘째, 박정희 정부는 Gerschenkron이 주장한 것처럼 경제개발을
위해 시장의 부족한 부분을 보완/보충함으로써 경제도약에 커다란 기
여를 하였다는 점이다. 그 대표적 사례를 보면, 직접적 경제건설에 참
여하고, 해외에서 자본을 조달하여 기업에게 배분하거나 민간 기업의
해외차입에 보증을 섰으며, 기술계 고등학교 설립을 주도하며 산업의
기능 인력의 공급확충을 주도하는 동시에 경부고속도로, 항만, 전력과
같은 사회간접자본을 차질 없이 잘 확충하였다. 개발도상국들은 흔히

전략 부족으로 공장 가동을 멈추는 일이 잦은데 우리나라는 그런 전력난을 겪지 않았다는 사실이 이를 증명하는 대표적 사례다. 그리고 무엇보다 정부가 사실상 지배하였던 시중은행을 관치금융의 창구로 활용하며 자금배분에도 직접적으로 간여하였다. 즉, 소위 말하는 경제발전의 토로이카, 즉 정부-은행-기업의 중심에는 정부가 있었던 것이다.

셋째, 박정희 정부는 정책당국자는 물론이고 국민들 모두의 정서를 산업화에 충실할 수 있도록 변모시켜 나갔다는 점이다. 일찍이 Gerschenkron이 주장한 것처럼, 산업화에 대한 열정을 일깨워 사람들을 경제개발의 현장으로 유도하기 위해서는 강력한 처방이 필요하고, 이런 경우에는 "황금의 시대가 내 뒤가 아니라 앞에 놓여 있다"는 신념을 심어주며 산더미 같은 일상과 편견(mountains of routines and prejudice)을 제거해야 한다.[27]

박정희 정부가 이런 신념을 심어주기 위해 동원한 것은 "근면, 자조, 협동"의 새마을운동이다. 새마을운동은 처음에는 농공병진책의 일환으로 시작된 농촌개발사업이었는데, 점차 농촌을 넘어 공장으로, 그리고 나중에는 전 사업현장으로 확대 실시되며 산업화 정신을 고취시킨다.

아침마다 대한민국 방방곡곡에 울려 퍼졌던 "우리도 한번 잘 살아보세"는 "열심히 일해 더 잘 살자"는 신념을 전파한 것이자 산업화에 대한 비전을 제시한 것이다. 더 나아가 박정희 정부는 1973년 중화학선언을 하면서 수출 100억 달러, 일인당 국민소득 1,000달러 그리고 1980년대 자가용 시대가 도래할 것이라는 비전을 제시하며 산업화 정신을 함양시킨다.

27 Gerschenkron, 962, pp.24-25의 내용 중 일부를 옮겨 적은 것이다.

박정희 대통령이 제시한 이러한 비전 및 신념들이 가시권에 접어들고 특히, 수출, 성장률 등의 거시 경제지표들이 목표치를 상회하면서 패배의식에 젖어 살았던 우리나라 사람들은 "하면 된다"는 자신감을 가지게 된다. 즉, 국민, 기업인, 그리고 정책당국자 모두 머지않은 장래에 도래할 황금의 시대를 예상하면서 산업화 정신은 더욱 열기를 뿜게 된 것이다. 더구나 "잘 살아 보세"라는 구호는 돈을 벌지 않고는 잘 살 수 없다는 점에서 "열심히 일하여 돈을 벌자고 외친 것"과 다름없다. 따라서 새마을운동의 구호는 항상 더 많은 것을 선호하는 이기적 인간의 본성을 일깨우며 더 열심히 일하도록 동기를 부여하는 역할도 한다.

그간 멸시와 천대의 대상이었던 시장과 돈 버는 일의 중요성을 범국가적 차원에서 적극적으로 계도하고 홍보함으로써 유교적 사농공상의 신분질서에 갇혀 있었던 한국사회는 점차적으로 근로/노동의 가치가 존중되고 공상이 대우받으며 기업가 정신이 넘쳐나는 친시장의 보텀업(bottom up)의 사회로 변해간다. 반공을 국시로 삼았던 개발연대의 한국에서 불평등을 동반하는 자유시장경제의 이념이 문제가 될 것은 없었지만, 그래도 "근면, 자조, 협동"의 새마을 정신을 담았던 "새마을 노래"는 자본주의 시장경제 정신을 전파하는 "산업 애국가"이자 행동철학으로서 우리나라의 자본주의적 산업화(Capitalistic Industrialization)를 성공시키는 데 아주 지대한 역할을 해낸다.

넷째, top down의 정부주도에 대한 믿음은 우리의 유교적 가치관/전통의 영향일 수 있다는 점이다. 개발연대 초기를 기준으로 불과 50년 전만 하더라도 우리나라는 관존민비(官尊民卑)와 사농공상의 유교적 신분질서에 갇혀 있었던 조선시대 사대부의 나라였다. 지난 수천 년 동안 역사발전의 중심에는 언제나 사대부가 우뚝 버티고 있었고 시장(경제)이나 그 곳에 몸담은 장돌뱅이는 정치의 변방에 머문 천한 존재였다. 대대로 시장을 천한 것으로 여겨 온 우리의 오래된 가치관으로 판단하면 경제도약을 주도한 무대의 주인공은 정책/전략을 주도하는 대통령이나 관료이지 기업가나 시장일 수가 없었다. 즉, 경제번영은 부를 창출하는 유일 주체인 기업의 관점에서가 아니라 국민경제나 산업의 관점에서 조망될 수밖에 없었던 것이다. 지금도 나라님(정부)이 국민경제의 중심에 서서 경제에 개입하는 것을 무슨 권리나 의무처럼 여기는 풍토도 그런 유교적 가치관이 크게 작용한 때문이다.

마지막으로 정부주도의 성공신화는 그 당시에 유행한 학문적인 분위기에도 크게 편승했다. 우리나라가 경제적으로 도약하는 데 성공한 시기는 UN을 중심으로 개발도상국의 경제발전을 위한 개발경제학이 풍미하는 가운데 Keynesians이 득세하던 시대였다. 개입주의가 득세하는 시대적 흐름 속에서 정부의 전략 및 정책이 성공신화의 주역임을 의심하는 학자들은 많지 않았다.

개발연대 권위정부가 주도한 노동 및 자본 투입의 측면에 초점을 맞춘 분석(Krugman, 1994)에서부터, 정부주도의 경제운용, 수출지향적 정책, 선별적 산업개입정책(Amsden, 1989) 및 보호위주의 좋은 산업정책(장하준, 1994) 등에 이르기까지 많은 학자들이 정부의 정책/전략이 우리나라 경제도약의 원동력임을 인정하고 있다. 더군다나 진보적 성향의 학자마저 우리의 경제적 성공이 민주주의를 유보한 대가로 파악하는 개발독재론을 주장함으로써 경제도약이 정부의 인위적 노력의 결과임을 인정하는 대열에 동참하였다.

위에서 언급한 여러 경제적·문화적·시대적·학문적인 이유를 배경으로 한국사회는 그만 관(정부/국가)주도의 망령에 사로잡히고 만다. 언제나 역사발전의 중심에 있었던 관료들 및 유교적 신분질서에 길들

여진 민초들이야 그렇다 치더라도, 적어도 내놓으라 하는 미국의 저명
대학에서 수학한 우리나라 경제학자들 대부분이 결과적으로 볼 때 비
주류경제학자인 List의 제자로 전락하거나 아니면 Keynesian의 후학으
로 변신하며 국가주도의 망령이 든 것은 아무래도 이해하기가 힘들다.
어느 자유주의자의 주장대로 우리나라 경제학자들 90%가 Keynesian
이니 그럴 수도 있겠다 싶지만 정부주도의 성공신화는 한국사회가 만
들어낸 절반의 진실일 가능성이 크다.

7.2 관(정부)주도의 망령

정부주도를 상징하던 지원, 보호, 육성의 특정산업육성정책은
1980년대 초부터 그 의미가 사실상 퇴색하기 시작하다, 1986년 공업
발전법 제정을 계기로 마침내 사라졌으며, 무역금융도 1988년 역사의
무대에서 퇴장했다. 게다가, 지금까지 시장친화적인 정책을 폈던 정부
는 1980년대 초반을 분수령으로 재벌 및 수도권 중심의 불균형 경제
구조를 교정한다는 명분으로 규제자로 돌변했다. 이처럼 정부주도를
상징하는 핵심 대들보가 사라지고 심지어 정부의 재벌규제가 지속되
었음에도 불구하고 한국경제는 1990년대 후반까지 이십 년 이상 고도
성장을 지속하였다. 이런 사실은 뭘 말해주는 것일까?

단적으로 말하면, "결국은 사라질 수밖에 없는 지원과 보호 그리
고 육성의 정부 정책은 성장엔진이 아니다"는 사실을 증명하는 것이
다. 이를 부정하고 싶은 사람은 "도약에 성공했으니 계속 성장하는
것이 가능하다"고 강변할지도 모른다. 그러나 그런 강변이 통하지 않
는다는 것은 앞서 이미 설명했다. (구)소련을 비롯한 공산권 국가들은
그야말로 지원과 보호 그리고 육성의 극치를 달리는 정책을 펼쳤다.

그 결과 소련의 경우 한때는 미국이 따라하고 싶었을 정도로 성공적이었지만 도약 후 결국 국민들의 원하는 빵마저 제대로 공급하지 못할 정도로 망가졌다. 이런 역사적 사실은 List가 말하는 보호주의적 정책이 경제번영의 요술방망이가 아닐 수 있음을 보여주는 결정적 증거다.

지원 보호 중심의 ITS가 중요한 성장엔진이 될 수 없다는 사실은 이를 기업의 관점에서 검토하면 알 수 있다. 기업의 관점에서 보면 정부의 금융지원, 수출 보조금지급, 고율의 수입관세, 수입제한조치 등은 기업이 당면한 여러 경제환경(즉, 제약조건) 중 하나에 불과하다.

두말할 필요도 없이 그런 전략/정책은 기업이 성장 발전하는 데 유리한 것일 수 있다. 그렇지만 그것은 기업의 성장 발전을 좌우한 결정적 변수라 주장할 수 없다. 왜 그럴까? 정부의 정책/전략은 어느 특정기업을 향한 것이 아니라 모든 기업에게 열려 있고, 동일한 전략/정책에서도 승승장구하는 기업이 있는가 하면 몰락하거나 망하는 기업도 있다. 이는 기업의 성패는 ITS의 유무가 아니라 혁신과 기업가 정신에 의해 좌우된다는 것을 말해준다. 즉, 기업은 주어진 환경을 극복하며 자본을 축적하고 스스로의 힘으로 성장 발전하는 존재인 것이다.

그런 현상은 우리나라 재벌의 부침 과정에서도 그대로 목격된다. 1960년대 초반까지 삼백 산업으로 재계의 상위그룹에 이름을 올렸던 대기업들이 박정희 정부의 전략/정책이 추진된 이후 대부분 그 위상이 추락한다. 즉, 1960년대 초반의 10대 재벌 대기업 리스트는 1970년대 중반의 그것과 확연하게 구분된다. 현대가 부상하고, 무명이나 다름 없던 대우가 10대 재벌의 반열에 오르고, 쌍용, 효성, 한진 등의 새로운 기업들이 10대 그룹에 명함을 내민다. 동 기간 중 10대 재벌 대기업으로 계속 생존한 기업은 삼성과 LG, 2개 그룹뿐이었다.

전략/정책은 소기의 목적을 달성했든 아니든 결국은 사라지는 일
회성의 것이다. 이런 일회성의 사다리는 경제도약에 도움을 줄 수는
있지만 성장을 지속시키는 원동력이 되기에는 역부족이다. 현실 속의
경제로 들어가 보면 지원과 보호의 사다리를 타고 올라가 성공한 기
업들 중에는 사다리가 사라진 이후 망하는 기업도 생기고 성장 발전
을 지속적으로 이어가는 기업도 있다. 더구나 지원과 보호와는 상관
없는 전혀 새로운 기업이 부상하는 경우도 허다하다. 이게 바로 살아
있는 시장경제의 역사다. 이런 역사적 증거로 볼 때, ITS가 경제도약
에 어느 정도로 유리한 환경이냐를 따지는 것은 별 의미가 없다.

정부주도의 정책이 성장엔진이 아니라는 사실을 뒷받침하는 비
교적 최근의 사례는 개발연대 이후 추진된 각종 산업육성정책에서도
찾을 수 있다. 그 대표적 사례가 중소기업 육성정책이다. 1980년대이
래 거의 반세기 동안 지원과 보호의 중소기업 육성정책이 지속되고
있다는 사실은 그것이 소기의 성과를 거두는 데 실패했다는 증거다.

그뿐만 아니다. 벤처산업 육성정책, 서비스산업 육성정책, 신성장
동력산업 육성정책, 부품소재산업 육성정책, 소프트웨어산업 육성정
책, 콘텐츠산업 육성정책, 녹색산업 육성정책, 그리고 박근혜 정부의
여러 창조경제 육성방안 등 수도 없이 많은 유사 ITS가 펼쳐졌지만,
뚜렷한 성과를 낸 것이 없었다.[28] 아니 내지 못하는 것이 당연한 결과
다. 사업할 기회와 시장을 넓혀주는 규제철폐에 초점을 맞춘 것이 아
니라, 예산을 쏟아 부으며 지원, 보호, 육성하는 정책을 펼쳤기 때문
이다.

관주도의 망령에 사로잡힌 관료들이 그들의 선배들이 걸어가 성

---

28 능력과 실력에 따라 차별적으로 지원하지 않는 시혜적·평등적 성격의 지원과 보호가
실패의 원인이라는 주장도 있지만, 이 주장 역시 List의 전통에서 벗어나지 못한 것이다.

공했다고 믿는 ITS에 예산을 쏟아 붓는 건 가장 눈에 띄는 손쉬운 일이다. 더구나 이는 경제관료들의 어깨에 힘을 실어주는 일이다. 이브의 사과와도 같은 달콤한 개입주의의 유혹에 넘어가지 않을 영혼 있는 관료는 드물다. 그 유혹에 넘어간 경제관료들이 경제를 키우기 위해 개입하고 관리하며 간섭하는 것이 그렇게 하지 않는 것보다는 결과가 좋을 것이라는 그릇된 믿음과 학습으로 인해 정권이 바뀔 때마다 포장만 바꾼 동일한 상품을 계속 쏟아내고 있지만 개입주의가 초래하는 자원의 낭비가 너무 크다.

7.3 정부주도의 진실

자본주의 역사에서 증명된 유일한 진실은 시장 없는 경제번영도 없다는 것이다. 그 시장은 지원과 보호 중심의 정부주도에 갇힌 시장이 아니라 혁신과 기업가 정신이 넘쳐흐르는 레세-페르의 시장경제이고, Smith/Ricardo가 주장한 자유경쟁 자유무역의 노선이다. 박정희 모델이 세계의 수출시장을 목표로 추구한 OLT는 바로 그 노선을 따라간 것이다. 처음부터 수출시장에 초점을 맞춘 중화학공업화 역시 자유시장경제의 노선으로 인도한 것이다.

그 당시 무역이 사실상 자유화되었다는 사실은 그 노선을 증명하는 주요 사례다. 만들어 수출할 수 있는 것은 100% 죄다 수출했다. 수출품 제조에 투입되는 원부자재, 기계설비 등도 모두 수입할 수 있었고, 이를 이용하여 만든 제품들이 수출된 이후 이에 부과했던 수입관세까지 환급해 주었으니 "관세율 0%"로 수입한 셈이다. 수출을 위해 수입을 자유화하였으니 사실상 자유무역이나 마찬가지고, 따라서 우리나라가 자유무역과는 거리가 멀었다는 일부 주장은 당시의 현실과는 배치되는 것이다.

　시장경제의 역사가 채 20년도 안 된 신생독립국 대한민국이 무슨 레세-페르의 길을 갔냐고 반문할지도 모르지만 그건 실상을 몰라서 하는 소리다. 대통령이 직접 총대를 메고 규제철폐를 진두 지휘했다. 대통령은 매월 무역확대진흥회의를 직접 주재하면서 거기에서 건의된 수출입이나 사업하는 데 걸림돌이 되는 규제는 모조리 풀어주며 국가권력의 경제개입 여지를 현격하게 줄여 놓았다. 특히, 권위주의체제에서 정치가 경제발전을 위한 하나의 수단으로 간주되면서 '정치의 경제화'가 심화되고, 이로 인해 자유시장경제로의 행진은 범 국가적 차원에서 순풍에 돛을 올린 것처럼 차질 없이 이루어졌다고 판단된다.

　박정희 정부는 이처럼 그 전의 어느 정권보다 시장친화적인 경제체제를 구축하였다는 점에서 한국경제는 개발연대를 분수령으로 상전벽해의 변화를 겪는다. 한국경제는 유사 이래 처음으로, 멀게는 서구사회 번영의 주 동력인 레세-페르의 시장경제를, 가깝게는 일본이 명치유신을 통해 구축한 시장경제를 따라갔고, 이를 통해 "시장과 기업이 사업할 수 있는 기회"를 대폭 늘려주며 기업가 정신에 불을 댕겼다.[29] 물론 당시의 우리나라의 자유시장경제는 선진국의 그것과 비교할 수 없는 시작단계에 있었지만 그 이전의 시대에 비하면 Smith/Ricardo가 말하는 자유경쟁 자유무역의 수준에 성큼 다가선 것이나 마찬가지였다.

　때문에, 박정희 모델의 성공요인은 "지원, 보호, 육성 중심의 정부정책"이라기보다는 "혁신과 기업가 정신이 넘치는 레세-페르의 시

---

29 이런 면에서 박정희 정부의 조국 근대화와 일본의 근대화를 촉발한 명치유신은 시장경제를 향한 개혁 개방이라는 점에서 동일한 맥락의 것이다. 그러나 Fallows(1993)는 일본도 ITT(산업, 무역, 기술) 정책을 펼쳐 성공하였다는 점을 들어 List의 이론을 추종하였다고 주장한다.

장경제"라고 할 수 있다.30 즉, 박정희 모델의 실체는 "자유시장경제를 향한 정부주도의 개혁과 개방으로 한강의 기적을 일구었다"로 재정립되어야 한다.31 만약 개발연대 성공의 주인공을 정부와 시장/기업 중 어느 하나를 꼽으라면, "시장/기업이 주도하고 정부는 시장경제가 제대로 작동할 수 있도록 채워주고 받쳐주었다"는 점에서 분명히 시장이라 할 수 있다. 그러나 정부가 개혁과 개방을 주도하며 시장을 이끌었다고 해서 개발연대의 성공이 정부주도라고 해서는 안 된다. 왜냐하면 레세-페르를 지향하는 개혁과 개방은 Smith/Ricardo가 지향한 자유주의의 노선을 따른 것이지 List가 주장한 지원과 보호의 중심의 개입주의의 노선을 따른 것이 아니기 때문이다.32

대만, 홍콩, 싱가포르 등 동아시아의 여타 호랑이들도 모두 우리처럼 자유시장경제의 길로 나아가 경제개발에 성공한 경우다. 나라마다 펼친 전략/정책에는 다소 차이가 있지만, "4 호랑이" 성공의 공통분모를 꼽으라면 그것은 정부주도의 사다리가 아니라 자유시장경제의 질서다. 홍콩은 처음부터 자유무역항을 지향했고, 싱가포르는 해외투자를 유치하기 위해 기업들이 사업하기 좋은 나라를 만드는 데 주력했다. 선진제국의 부품기지로 출발한 대만은 역시 기업하기 좋은 나라를 지향함으로써 해외의 직접투자를 유치하였고, 1978년 도입된 종

---

30 이 관점에서 보면 특혜와 정경유착의 시비가 잦아들게 된다. 사실, 정치적 비용이 적은 독재 권위주의체제하에서 특혜와 정경유착의 가능성은 오히려 낮았다고 보는 것이 타당하다.

31 이 점에서 필자의 주장은 Krueger(1997), World Bank(1993), Wolf(2007)의 주장과 동일하다. 이재민(2005)도 이와 유사한 견해를 제시하였다.

32 정부는 제도, 법, 규정 등을 제정하는 경제의 Game Rule의 설정자이므로 경제에 개입할 수밖에 없다. 일반적으로 규제를 완화하는 쪽으로 개입하는 것은 시장주도요, 자유주의의 길이고, 반면에 지원과 보호처럼 정부의 개입이나 간섭을 필요로 하는 것은 정부주도요, 개입주의의 길이다.

합상사 제도를 통해 시장경제로의 행보를 더욱 넓혔다. 공교롭게도 경제번영을 이룬 동아시아의 '4 호랑이' 모두 Adam Smith의 자유무역 자유경쟁의 사상을 따른 영국과 미국의 정치적 외교적 경제적 영향권에 있었던 나라들이다.

경제번영을 원치 않는 나라는 세상 어디에도 없다. 세계2차 대전 이후의 독립 신생국가들 거의 대부분이 경제개발을 위해 나름대로의 우리와 유사한 국가/정부주도의 요술방망이를 사용한 것이 사실이다. 그러나 20세기 중반 이후 경제개발에 성공한 나라는 기껏해야 열 손가락으로 정도로 꼽을 정도로 적다. 이들 나라 성공의 공통적 배경은 지원 보호 육성으로 상징되는 정부/국가중심의 경제체제가 아니라 자체적으로 성장 발전의 에너지를 가진 자유시장경제 그 자체였다. 이 세상 어디에도 시장만큼 이기적/합리적 인간들의 욕망을 채우기에 적합한 놀이터가 없다. 경쟁과 혁신 그리고 기업가 정신이 넘쳐흐르는 그런 시장을 빠뜨린 채 오로지 정부주도만으로 개발연대의 경제도약을 규명하는 것은 알맹이 없는 주장이다.

요컨대, 경제는 국가가 주도하는 것이 아니라 시장/기업이 주도한다. 국가는 무한의 계산/기획/실천 능력을 가진 얼굴 없는 천재가 결코 아니다. 대통령을 비롯한 소수의 경제실세에 의한 top down의 명령과 지시보다는, 시장경제를 생활의 터전으로 삼아 더 많이 차지하고 더 벌기 위해 불철주야 노력하고 일하는 수 백만의 기업들 및 수천만 사람들의 이기적 행동, 즉 bottom up의 의사결정이 경제번영에 더 결정적인 역할을 한다. 이는 수백 년 자본주의의 검증된 역사이고 우리나라도 그 역사에서 결코 예외일 수 없다.

경제는 인센티브의 세상

1. 시장경제는 Incentive의 세상

2005년 어느 날 노벨 경제학상 수상자인 토빈(James Tobin), 오만 (Robert Aumann) 등을 포함한 여러 저명한 경제학 교수들과 예일대 학 생들이 자유주제로 토론을 벌이고 있었다. 참석자 중 한 사람이 "누가 경제학을 한 단어로 요약할 수 있는가?"라고 물었다. 그러자 토빈이 "Yes"라고 말하며, 그 단어는 바로 "Incentive"라며, "경제학은 모두 Incentive에 관한 것(Economics is all about incentives)"이라는 촌철살인 의 정의를 내린다(Aumann, 2005).

사회과학의 여왕으로 불리는 경제학을 이처럼 간단명료하게 정 의하기란 경제학의 대가가 아니고선 불가능한 일일 것이다. 그의 정 의를 따라가기 위해 우선 Incentive의 뜻부터 살펴보자. Incentive의 사전적 의미(옥스퍼드 사전)는 "어떤 행동을 장려하기 위한 우대(장려) 책"인데, 통상적으로 경제학을 포함한 사회과학분야에선 Incentive는

"인간이 행동하도록 동기를 부여하는 일체의 금전적 및 비금전적(정신적, 사회적 등) 보상"으로 정의된다. 이 정의에 따르면, Incentive는 사람들의 행동이나 의사결정을 좌우하는 중요 요인이고, 경제적·비경제적 활동을 분석 설명하는 유용한 수단이다.

쉬운 예로 경제학 입문과정에서 배우는 완전경쟁시장에서의 수요와 공급에 의한 가격 결정도 Incentive로 설명된다. 경제학에서 말하는 균형가격은 파는 사람의 Incentive(willing to sell)와 사려는 사람의 Incentive(willing to buy)가 맞아떨어져야 비로소 결정된다. 가격이 균형가격보다 높으면 팔려는 사람의 Incentive는 강해지는 반면 사려는 사람의 Incentive는 약해져 공급량은 늘고 수요량이 줄어들어 결국 균형가격이 형성된다. 이와 같은 가격결정 과정이 가격기구이고, 이는 곧 시장에서 자원이 효율적으로 배분되는 원리이다.

물론 인간의 비경제적 활동도 Incentive로 설명된다. 인간은 어떤 행위/행동을 할 때는 반드시 동기가 있기 마련이다. 크게는 우리 인간이 사는 이유에서부터 좁게는 운동을 하는 이유, 돈을 버는 이유나 공부를 하는 이유뿐만 아니라, 누구는 공무원이 되고 누구는 기업을 하고 누구는 회사에 근무하는, 누구는 돈을 중시하는 반면 누구는 명예를 중시하는 것도 모두가 그런 행동 동기, 즉 그런 Incentive가 있기 때문이다.

Incentive가 우리의 일상과 얼마나 밀접하게 연관되어 있는지 예를 하나 들어보자. 초등학교 시절 누구나 교실을 청소하기가 싫었던 것을 기억한다. 보통 앉은 자리열대로 청소를 하는데 한 열의 인원은 약 7명 정도 된다. 모두 빨리 집으로 가고 싶어 하며 청소를 끝내야 집으로 갈 수 있다고 가정하고 다음과 같은 방법으로 청소를 시키는 경우를 상정해보자: (1) 7명의 학생에게 청소하라고만 말하는 경우

(2) 각자 할 일을 분담시켜 청소하는 경우 – 청소분량의 공정성에 있어서 논란은 제외하고 – (3) 각자 할 일을 분담시키고 분담된 일을 먼저 끝낸 사람이 먼저 집에 갈 수 있도록 경우.

그러면 어느 경우 청소가 가장 빨리 끝날까? 초등학교 시절의 경험에 따르면 모두가 (3) 경우라고 답할 것이다. 실제로도 그랬다. 왜냐하면 (3) 경우에는 열심히 하는 것에 대한 보상(일찍 귀가)의 Incentive가 있기 때문이다. 맨 처음은 아예 Incentive가 존재하지 않는 경우이고, 두 번째의 Incentive는 불완전한 것이라 할 수 있다. 물론 협력과 청소의 질을 논한다면 문제가 달라질 수 있겠지만, 이는 논의의 본질을 벗어난 것이다.

Tobin이 말한 Incentive를 가장 잘 응용한 곳은 기업이다. 미국의 주요 기업들을 포함한 자본주의 국가의 수많은 기업들이 성과를 극대화기 위한 수단으로 유인체계(Incentive System, 혹은 Incentive Structure, 즉 유인구조)를 채택하고 있다. 그 유인체계의 대표적 사례로는 성과급 제도(Profit Sharing System: PSS)를 들 수가 있다. 성과급 제도는 대부분 정해진 급여 이외에 자신들의 실적에 따라 추가적·차등적으로 금전적 및 비금전적인 보상이 주어지도록 고안되어 있으므로, 사람들로 하여금 더 열심히 일하며 경쟁하도록 유도한다.

일반적으로 PSS를 채택한 기업은 채택하지 않은 기업보다 이익이나 성과(Performance) 측면에서 더 나은 결과를 얻게 되는 것도 바로 이 때문이다. 물론 PSS가 아니더라도, 대부분의 기업은 조직의 성과를 극대화하기 위한 전략으로 성과/실적이 더 나은 조직(원)이 승진이나 급여측면에서 우대받는 형태의 유인체계를 채택하고 있다.

어느 형태의 성격의 유인체계이든 그것이 조직 구성원간의 경쟁을 통해 개인 및 조직의 실적/성과를 극대화하는 것이라는 점에서 경쟁적 유인구조라 할 수 있다. 이것의 유용성이 검증되면서 성과주의 또는 실적주의는 전 세계적으로 보편화하게 된다. 성과가 나은 사람에게 더 나은 보상을 하는 경쟁적 유인체계는 인간의 욕망을 채워주는데 안성맞춤의 구조로 짜여 있다는 점에서 이기적 인간의 본성과 딱 맞아떨어지는 유인체계다.

그런데 이러한 Incentive System은 원래부터 시장 고유의 속성이었다. 왜냐하면 시장에는 경쟁의 결과에 따라 차등적으로 보상하는 신상필벌의 유인체계가 존재하기 때문이다. 경쟁적 유인체계가 경쟁을 통해 기업의 성과/실적을 극대화하는 것처럼, 시장의 Incentive System 역시 이기적 인간으로 하여금 열심히 일하고 노력하도록 유도하면서 국민경제 전체의 성과를 극대화한다. 이런 면에서 시장은 본질적으로 Incentive의 세상이고, 따라서 Tobin의 정의는 "시장경제는 모두 Incentive에 관한 것"이라 풀어 쓸 수 있다. 자유시장경제가 경제번영의 원동력이라는 앞서의 주장은 이러한 시장의 유인체계를 전제로 한 것이었다.

당연히, 여기서의 시장은 정부의 규제나 간섭이 철폐되어 경쟁과 혁신 그리고 기업가 정신이 넘쳐나는 레세-페르의 시장경제다. 만약 정부의 규제나 간섭이 심하다거나 개인의 자유와 재산권을 보장하는 법치가 취약하면 시장의 유인체계가 망가져 시장의 Incentive가 퇴색하게 되고, 그러면 경제는 번영의 길에서 멀어지게 된다.

가까운 예가 개발연대 바로 전의 자유당 정권 시절이다. 자유당 정권 때는 자립경제체제, 수입의 시대였다. 정부의 규제와 간섭 그리고 경제개입이 극심하여 사업의 인허가권을 틀어쥔 정부나 정치권의 실력자들에게 줄을 대 이권과 특혜를 챙기려는 로비가 난무한 시기였다. 그 시절 승승장구했던 대부분의 재벌기업들이 박정희 정권에 의해 부정축재로 지목되어 재산을 환수당했을 정도로 부정부패와 정경유착이 만연하였다. 규제덩어리의 자유당 정권 시절의 시장은 경쟁, 혁신, 그리고 기업가 정신에 의해 '공정한 불평등'이 만들어지는 Incentive의 세상이 결코 아니었다. 시장이 있어도 없는 것이나 마찬가지였으니 권력을 움켜쥔 특권층과 그에 기대어 부를 축적한 소수의 사람들을 제외하곤 모두가 가난할 수밖에 없었다.

  좀 더 먼 사례는 필리핀의 경우다. 미국 식민지배의 영향으로 필리핀은 아시아 제국 중에서 비교적 선진화된 시장경제를 유지했고 1960년대 중반까지만 하더라도 우리보다 잘사는 나라였다. 그러나 유감스럽게도 필리핀은 경제 도약에는 실패하였다. 자유시장경제를 향한 개혁과 개방이 부재했던 필리핀은 정부의 규제와 간섭 그리고 개입이 난무하는 구시대의 자본주의질서에 의존했다. 이런 곳에선 부정과 부패 그리고 정경유착으로 인해 시장의 유인체계가 망가질 수밖에 없다. 즉, 권력이나 뇌물로 쉽고 편안하게 돈을 벌 수 있는 그런 곳에선 혁신과 기업가 정신은 외면되기 십상이고 따라서 성장엔진의 추진력인 자본축적은 어려워진다.

  시장의 유인체계가 취약하여 경제적으로 뒷걸음질 친 사례는 개방을 마다하고 자립경제의 길을 걸었던 제3세계의 경우다. 시장을 규제하며 개입한 만큼 그리고 거대한 세계시장을 외면한 만큼이나 경쟁하고 혁신할 Incentive가 줄어들게 됨으로써 기업가 정신이 퇴조하면서, 경제번영에서 멀어졌다.

  시장의 유인체계가 없는 것은 고사하고 아예 역(逆)의 유인체제가 작동한 경우는 공산주의사회다. 공산주의사회에서는 "모두가 능력에 따라 일하고, 필요에 따라 분배받는다"고 하니, 사람들이 열심히 일하고 노력할 하등의 Incentive가 없다. 인간의 본성에 어긋나는 역

(逆)의 유인체계 아래서는 결코 경쟁과 혁신이 일어나지 않는다. 열심히 일해도 그 보상이 나에게로 돌아오지 않기 때문에 아무도 열심히 일하지 않는다. 따라서 이 이상향의 사회에서는 경제는 뒷걸음질치다 결국은 망하는 길로 들어선다. 이런 사회에서는 공짜점심이나 도덕적 해이가 팽배하고, "이대로 영원히"를 외치는 독재권력자 및 그 하수인들만이 권력과 자원을 독점하며 호사를 누리는 반면 나머지 대다수의 국민들은 굶주리다 죽거나 아니면 알코올 중독자가 되어 비참한 생을 마감한다. 소련, 동구 공산권 국가들 그리고 북한 등이 이미 증명한 역사다.

1.1 경쟁적 유인체계

　박정희 정부는 개혁과 개방으로 자유시장경제를 지향하며 본격적으로 Incentive의 세상으로 나아간다. 여기에다 시장을 닮은 (Market-based) '경쟁적 유인체계'도 도입한다. 그 유인체계의 핵심은 시장(경쟁)의 결과인 수출실적에 비례하여 금전적 및 비금전적 혜택을 제공하는 것이었다. 즉, 수출실적이 좋은 기업은 그렇지 않은 기업에 비해 금리가 상대적으로 낮은 은행권 자금을 더 많이 확보할 수 있고, 또 새로운 사업으로(예: 중화학공업 분야) 진출하고 동시에 그 사업에 필요한 저리의 정책금융을 받을 수 있도록 짜인 유인체계였다.[1] 시장의 유인체계를 흉내낸 경쟁적 유인체계는 탄생한지 불과 15여 년밖에 안 된 우리나라의 일천한 시장경제의 역사를 보완한 금상첨화 같은 존재였다.

---

[1] 경쟁적 유인체계가 위력을 발휘한 또 다른 분야는 농촌지역이다. 박정희 정부가 새마을 사업에 이를 도입하면서 농촌지역의 발전에도 가속도가 붙은 것으로 분석되고 있다.

경쟁적 유인체계가 수출에 초점을 맞추자 항상 더 많은 것을 원하는 이기적 인간들 모두가 수출에 열광한다. 자금에 대한 초과수요가 상존하고 사업의 기회가 널려 있었던 당시의 상황에서 수출은 성장과 도약을 위한 보증수표였다. 수출실적이 사업의 성패를 좌우하는 환경이 펼쳐지자 한국사회는 그야말로 수출의 열기로 가득 찬다. 혁신과 기업가 정신으로 무장한 수많은 기업들이 꼬리에 꼬리를 물며 너도 나도 그렇게 수출전선을 향해 몰려들었다.

대학진학률이 채 20%도 안 되는 당시의 상황에서 대졸자들은 요즘 말하는 신의 직장을 제쳐두고 대부분 수출기업으로 향했다. 더 나은 세상을 위해, 가족을 부양하기 위해, 진급을 위해, 출세와 명예를 위해 모두가 저마다의 계산으로 행동하며 불철주야 수출시장에서 뛰었다. 때로는 말라리아 모기가 득실대는 아프리카의 오지로, 때로는 열사의 중동 사막을 마다 않고 지구 곳곳을 종횡무진 누비고 다녔다. 구름처럼 몰려든 양질의 인적 자본을 바탕으로 수출기업들은 경쟁적 유인체계를 등에 업고 성장가도를 달리기 시작한다.

처음에는 다른 기업이 생산한 제품을 수출하던 소규모 기업들이 돈을 벌어 자신이 직접 생산시설을 소유하며 수출한다. 점차적으로 생산시설을 늘리고 혁신을 지속한다. 무한경쟁의 수출시장에서 생존하기 위해선 가격경쟁력이든 품질경쟁력이든 수출제품의 경쟁력을 확보하기 위해선 혁신을 지속하지 않을 수 없었다. 변변한 기술이 없었으니 생산성을 높이기 위한 모든 노력을 경주해야만 했다. 원가를 절감하기 위해 새로운 공정을 개발하며 기술혁신을 지속하고, 사막과 오지를 누비며 틈새시장을 찾고 납기를 맞추기 위해 불철주야 일하는 등 경영혁신을 지속하는 수밖에 없었던 것이다.

결과는 수출의 비약적 증가였다. 1964년 1억 2천만 달러에 달하

던 수출이 불과 14년 후인 1977년 100억 달러를 돌파할 정도로 폭발
적으로 늘어났다. 수출이 고속 성장한 만큼이나 수출대기업들이 급성
장의 가도를 달린다. 그간 경영 능력도 없이 정경유착, 이권, 특혜에
매달려 사업을 확장했던 기업들은 서서히 그 자취를 감추는 가운데
혁신과 기업가 정신으로 무장한 수출기업들이 부상한다.

　　시장은 원래 승자선택의 과정을 통해 능력과 실력에 따라 자원을
차등적으로 배분하는 속성을 갖고 있다. 왜냐하면 잘나가는 기업으로
사람이 몰리고, 투자를 하거나 돈을 빌려줄 때도 떼일 가능성이 적은
우량기업을 찾고, 심지어 물건을 살 때도 그런 기업의 제품을 찾기 때
문이다. 이런 속성을 지닌 시장에 다시금 경쟁적 유인체계가 더해졌
으니 수출실적이 우수한, 즉 능력과 실력이 뛰어난 삼성, 현대, 대우
등의 수출기업으로 한정된 자원이 집중된다. 그 결과 이들 수출대기
업들은 우리나라 굴지의 재벌그룹으로 성장 발전한다. 재벌이 한국경
제성장의 주역이자 황금알을 낳는 거위로 변신한 배경에는 이러한 경
쟁적 유인체계도 도사리고 있다.

　　경쟁적 유인체계가 재계의 판도를 바꾸어 놓은 것은 맞지만 우리
나라 경제도약의 결정적 원동력이라 주장할 수는 없는 일이다.[2] 경쟁
적 유인체계는 분명히 시장 유인체계의 일부이고, 미국 등 선진국의
경우에서 이미 목격한 것처럼, 시장의 유인체계만으로도 굴지의 재벌
그룹은 얼마든지 탄생할 수 있기 때문이다. 비유적으로 말하자면, 경
쟁적 유인체계는 황금거위가 좋아하는 여러 모이 중 하나였을 뿐이다.
황금거위가 이를 먹고 빨리 자랐다고 주장할 수는 있지만, 그렇게 만

---

2 경쟁적 유인체계를 관치차별화정책으로 파악하고 이를 우리나라 경제도약의 원동력이
　라 주장한 최초의 학자는 좌승희(2006)다. 그의 정의에 따르면 관치차별화정책은 시
　장친화적, 발전친화적 정책이다. 필자는 그와 공동으로 저술한 "이야기 한국경제
　(2010)"에서 그의 주장을 수용한 적이 있었다.

든 보다 더 결정적인 모이는 기업가 정신이다. 상식적으로 판단해도 황금거위는 주인이 키우는 것이지 행동 주체가 모호한 정부가 키웠다고 주장하는 것은 무리다.

반복되는 설명이지만 그런 주장은 List의 범주의 경제도약 이론을 벗어나지 못하는 것이다. 만약 그것이 우리나라 경제도약의 결정적 요인이었다면 그것이 실질적으로 종료된 이후, 즉 1980년대 이후 상당기간 동안에도 황금거위는 계속해서 자라며 황금알을 낳았다. 그 모이(경쟁적 유인체계) 없이도 한국경제가 계속해서 고도성장 가도를 달린 것이다. 비주류경제학이 지원과 보호 중심의 보호주의정책이 사라진 이후의 경제가 성장을 지속하는 이유를 설명하지 못한다는 점은 앞서 지적한 바 있다.

한 가지 더 강조하고 싶은 것은 경쟁적 유인체계에 의한 자원의 편중배분은 결국 자원을 효율적으로 배분한 것이었다는 점이다. 왜냐하면 (수출시장) 경쟁의 결과에 따라 자원을 배분한 것이라는 점에서 시장기능에 따라 자원을 효율적으로 배분한 것이나 마찬가지이기 때문이다. 또한 경쟁적 유인체계는 경제개발 초기 단계의 한정된 자원을 기업가 정신이 충만하고 세계의 수출시장에서 능력과 실력이 검증된 수출대기업들에게 몰아줌으로써 자원의 낭비를 방지하는 순기능도 수행하였다. 더구나 경쟁적 유인체계는 수출(시장)실적이라는 공정한 게임 룰을 설정하여 정책을 운용함으로써 개발도상국에서 흔히 제기되는 정경유착과 부정부패의 가능성을 제도적으로 차단하였고, 이런 점에서 보면 '공정한 불평등'을 만드는 시장 본래의 기능을 대신하는 역할도 충실히 하였다.

경쟁적 유인체계는 시장을 흉내낸 것이고, 따라서 시장친화적 정책이다. 시장친화적 정책은 달리 말하면 기업친화적 정책이고, 이는 곧 기업이 사업하는 데, 더 구체적으로는 수출하는 데 친화적인 정책이란 뜻이다. 어느 정책이든 기업친화적이기 위해서는 반드시 관련 규제가 철폐되어야만 한다. 따라서 시장친화적 정책의 본질은 시장의 결과를 중시하는 것에 초점을 맞춘 것이라기보다는 시장과 사업할 기회를 넓혀주는 규제혁파이다. 바꾸어 말하면 아무리 시장(수출)실적에 따라 자금을 차등적으로 배분하고 새로운 사업에 진출할 기회를 부여하며, 지원과 보호를 하는 정책을 펼치더라도 그것에 규제를 혁파하는 조치가 수반되지 않는다면 그 정책은 기대만큼 효과를 내기가 어렵다.

1.2 Incentive의 세상으로 향한 중국

역(逆)의 유인체제가 작동하여 종국적으로 망하게 돼있었던 공산주의사회 중국을 구한 것은 1979년 등소평이 추진한 개혁과 개방이다. 두말할 필요도 없이 그 개혁과 개방의 중심은 이기적 인간의 본성에 들어맞는 시장경제로 나아가는 것이었다. 지난 반세기 이상 시장 없이 지내온 사회주의사회 중국에 시장경제를 들여오는 것은 녹록한 일이 아니었다. 지독한 증오의 대상이었던 시장(경제)을 선보인다는 사실 그 자체가 파격적 실험이자 자칫 잘못하면 체제가 무너지는 위험을 감수해야 할지도 모르는 모험이었다.

때문에 등소평은 돌다리도 두드리고 걷는 사람처럼 매우 신중했다. 등소평이 내민 전가보도는 위험한 시장이 아니라 시장의 유인체계였다. 낯설기 그지없는 시장을 들이미는 대신 시장의 속성을 고스란히 간직한 유인체계를 선보인 것이다. 이기적 인간의 본성에 들어맞는 유인체계가 죽의 장막이 드리워진 중국사회를 밀치고 들어가자 그 장막 뒤에서 몸을 움츠리며 지내왔던 "비단이 장사 왕서방"이 세찬 물결을 거슬러 올라가는 연어처럼 사회주의사회 중국에 떼거지로 밀려온다. 등소평의 흑묘백묘론과 선부론은 천성적으로 이기적일 수밖에 없는 중국인들을 Incentive 세상인 시장경제로 유인하기 위한 계산된 전략이자 전술이었다.

사회주의 계획경제에 Incentive를 도입한 첫 개혁의 대상은 생산성이 정체된 농업부문이었다. 함께 생산하고 모두 골고루 나누는 공유제를 운영하던 인민공사를 해체하고 농가가 정부로부터 토지를 빌려 경작하는 제도를 도입하는 한편 정부가 정해준 '책임 생산량'3 이외의 생산물을 농민들이 직접 자유롭게 시장에 내다팔 수 있게 만든다.

생산 책임제로 명명된 이 Incentive system은 본성적으로 이기적인 농민들의 사고를 일거에 바꿔놓는다. 그간 자신이 더 열심히 일해도 더 많이 챙기는 것이 불가능했던 농민들은 자신의 노력으로 돈을 더 많이 챙길 수 있는 길이 열리자 불철주야 열심히 노력하고 일한다.

농민들에게 더 열심히 일할 Incentive를 준 등소평의 파격적 실험의 결과는 대성공이었다. 농업부문의 생산성이 실험 첫해에 무려 30% 이상 향상되었고, 과외의 소득을 올린 농민들은 농산물을 시장에 내다팔며 자기 주머니를 불릴 수 있게 된다. 공무원의 연봉이 3천원(元)에 불과하던 시절에 연수입 1만(元)이 넘는 만원호(萬元戶)가 부지기수로 생겨날 정도로 시장경제의 실험은 대성공을 거둔다. 반세기 이상 자기가 경작한 땅에서 나오는 소출로 부를 쌓은 적이 없는 이기적 농민들은 스스로의 노력으로 돈을 벌고 부를 쌓을 수 있는 Incentive에 열광한 것은 당연한 일이었다.

농업부문의 Incentive 개혁이 성공을 거두자 '생산 책임제'의 실

3 일종의 부담금 혹은 세금

험은 대부분의 국영기업으로 확대 적용된다. 정부가 책임 생산량을 초과하는 생산량 이외의 것은 기업이 국내외 시장에 자유롭게 내다팔 수 있는 길이 열리자 모두가 더 열심히 일한다. 이에 따라 기업의 생산성이 향상되고 더 많은 이익이 나고 자본이 축적되기 시작한다. 덩달아 노동자들은 더 많은 임금을 챙길 수 있게 된다.

이와 같은 일련의 Incentive 실험이 성공함에 따라 시장경제를 향한 개혁은 점차 중국사회 전반으로 그 영역을 넓혀간다. 드디어 "국가는 시장을 유도하고 시장은 기업을 리드한다'는 구호 아래 중국은 시장경제를 위해 힘차게 행진한다. 회사법을 손보고 수출입제도를 보완하는 등 법과 제도를 자유시장경제에 부합하도록 개혁하며 중국을 기업이 사업하기 좋은 나라로 변화시킨다.

물론 Incentive 세상의 필수품인 대외지향적 전략, 즉 개방도 뒤따랐다. 반세기 이상 굳게 걸어 잠갔던 문을 활짝 열어젖히며 시장경제에서 살아온 선진제국의 외국인들을 중국으로 불러들인다. 외국인의 자유로운 투자활동이 보장되는 경제특구 및 경제개방구를 설치하는 한편 차관 도입에 적극적으로 나서는 등 해외투자 유치에 진력한다. 한 걸음 더 나아가 자본주의의 꽃이라 불리는 증권시장을 열고, 선진제국의 경영기법과 국제기준의 회계제도를 도입하고, 세계무역질서인 WTO에도 가입하는 등 자본주의 시장경제질서로 본격 편입된다.

거대 중국시장의 잠재력을 염두에 두고 한 손에는 달러를 다른 한 손엔 더 이상 보호할 필요가 없는 기술보따리를 들고 너도 나도 중국으로 몰려든다. 쏟아져 들어온 달러와 급속도로 이전되기 시작한 서구의 보편적 기술과 경영방식은 중국경제의 생산성을 끌어올린다. 비록 선진국의 그것을 모방한 것에 불과하지만 모방 자체가 중국경제의 생산성을 대폭 증대시켰다는 점에서 혁신이나 마찬가지다. 이와 같은 모방에 의한 혁신, 풍부한 노동력, 그리고 몰려드는 자본을 배경으로 중국에는 기업가 정신으로 무장한 수많은 기업들이 생겨난다.

개혁과 개방 당시 국영기업 일색이었던 중국에 전체 기업 부가가치의 50%를 사기업(해외합작사 포함, 2010년 기준)이 담당할 정도로 개혁과 개방은 창업의 열기를 고조시켰다. 그 결과, Made in China가 세계의 수출시장을 석권하고 중국은 19세기 영국에 따라붙었던 화려인 수식어인 '세계의 공장'이라는 자랑스러운 감투를 쓰며 세계 제2의 경제대국으로 도약한다. 비록 정치적으로는 일당 독재의 정치체제를 유지하고 있지만 중국은 혁신과 기업가 정신이 넘쳐나는 Incentive의 세상으로 들어서서 경제적으로 도약하는 데 성공한다.

1.3 중국이 모방한 것

국내외의 수많은 학자들이 "중국은 한국의 성장전략을 모방하여 성공하였다"고 평가한다. 그러면 여기서 말하는 그 모방의 실체는 무엇일까? 학계에서는 일반적으로 국가(정부)주도의 개입주의 모델을 의미하는 것으로 해석되어 왔다. 한국에 정부주도의 성공신화를 믿는 List나 Keynes의 후학들이 득실대는 것처럼, 비주류경제학자들은 중국의 성공을 List의 영감(Inspiration)을 받은 국가자본주의 모델에서 찾은 것이다.

등소평이 개혁과 개방을 추진할 당시의 중국은 우리나라와는 비교가 되지 않을 정도로 높은 수준의 계획경제와 보호주의정책이 실시되고 있었다. 중국은 국가가 원하는 방향으로 자원을 집중적으로 배분할 수 있는 사회주의 경제체제였고, 따라서 비주류경제학자들처럼 "중국은 국가주도로 성공하였다"고 주장하는 것이 현실과 훨씬 더 맞아떨어지는 평가라 할 수 있다. 더구나 2010년 현재 중국 GDP의 약 50%가 국유기업에서 창출될 정도로 자본의 사적 소유가 제한되어 있다는 사실만 봐도 국가자본주의 발전 모델은 일리 있는 평가다.

그러나 국내외 많은 경제전문가들은 여전히 "중국의 경제 도약은 시장경제를 향한 등소평의 개혁 개방의 결과"라 판단한다. 왜냐하면 중국이 국가주도의 사회주의 계획경제에서 자본주의 시장경제로 모험적 일대 전환을 감행한 것은 부인할 수 없는 명백한 사실이기 때문이다.

그런데 만약, 중국의 성공 요인이 개혁과 개방의 시장경제라면, 국가의 경제개입 수위가 중국과는 비교도 되지 않을 정도로 낮았던 우리나라는 당연히 시장경제라 해야 맞다. 이런 점에서 중국이 한국을 모방한 것은 비주류경제학자들이 주장하는 따라잡기 전략, 정부주도의 경제가 아니라 자유시장경제를 향한 개혁과 개방이다. 다시 말해, 등소평이 시장을 대신한 유인체계를 징검다리 삼아 시장경제로 나아간 개혁과 개방은 시장을 닮은 경쟁적 유인체계를 이용하여 자유시장경제로 나아간 박정희 정부의 개혁과 개방을 흉내낸 것이라 할 수 있다.

박정희 정부가 추구한 시장의 유인체계는 Tobin이 말한 Incentive를 한참 앞서 고안된 것이었다. 박정희 대통령은 '공정한 불평등'을 야기하는 시장의 유인체계가 경제번영의 관건임을 일찌감치 간파했던 보기 드문 경제적 직관을 지닌 지도자이자 Incentive에 열광하는 이기적 인간의 본성을 누구보다 훤히 꿰뚫고 있었던 경제전문가였음이 분명하다.

자본주의 시장경제는 모든 사람이 열심히 노력하고 일하도록 유도하는 Incentive의 세상이다. 이 세상에선 모든 이기적 인간이 적은 것보다는 많은 것을 갖기 위해 스스로 열심히 노력하고 일하고 혁신과 기업가 정신으로 무장한 정주영, 이병철이 등장한다. 모든 사람이 열심히 노력하고 일하며 경쟁하고 혁신하면 나라가 부강해지는 것은 불문가지의 진실이다. 모두를 열심히 일하도록 만드는 시장의 유인체계는 이름도 없는 조그마한 중소기업이 스스로의 힘으로 자본을 축적하며 중견기업을 거쳐 대기업으로, 재벌 그룹으로 성장 발전하게 만드는 경제번영의 원동력이다. 따라서 정부가 해야 할 일은 규제를 혁파하여 시장과 사업할 기회를 넓히며 경쟁과 혁신과 기업가 정신이 넘쳐나는 Incentive 세상, 즉 자유시장경제를 만들고 키우는 일이다.

2. 기업가 정신

현대중공업과 삼성전자는 스스로의 노력으로 무에서 유를 창조하며 세계 굴지의 기업으로 성장 발전한 우리나라의 대표적 기업이다. 거의 맨땅에서 출발하여 불과 40여 년 만에 오늘날 해당 산업분야 세계 제1의 선두업체로 급성장한 이들 두 업체의 드라마틱한 성공스토리는 그야말로 한국경제 성공의 축소판이다.

치열한 글로벌 경쟁하에서 혁신을 지속하며 세계의 일등 기업으로 발돋움한 이들 두 기업의 흥미진진한 성공스토리는 기업가 정신의 정수를 보여주는 결정적 사례다. 더 나아가 이는 우리나라 중화학공업화가 시장주도임을 증명하는 대표적 에피소드이기도 하다.

불행하게도 1997년 발생한 외환위기의 파고를 넘지 못하고 역사의 무대에서 사라졌지만, 달랑 조그만 사무실 하나뿐이었던 대우실업이 수출로 막대한 부를 쌓으며 한때 우리나라 3위의 재벌그룹으로 부상하는 과정 역시 기업가 정신의 정수를 보여주는 사례이다. 이들 세기업을 포함하여 기업가정신으로 무장한 우리나라의 수많은 기업들의 경이적인 도약 및 성장 과정이 합쳐진 것이 바로 한국경제의 고도성장 과정이다.

2.1 대우실업

김우중 (전)대우그룹 회장은 수출제일주의 시대의 신화적 주인공이다. 그는 1967년 3월 단돈 500백만원 자본금으로 대우실업을 창업하며 수출전선에 뛰어든다. 그는 싱가포르, 태국, 홍콩 등 동남아시장에선 "트리코트 김"으로 불리며 트리코트 원단 판매에서 발군의 실력을 발휘한다. 그는 창업 당해 연도에 무명의 대우실업이 U$30만 달러를 수출할 정도로 세일즈의 귀재로 알려져 있다. 그 해의 우리나라 총 수출이 2억 5천여 만 달러였으니 U$30만은 결코 적은 금액이 아니었다.

처음 10평 남짓한 조그만 사무실 하나에서 출발했던 대우실업이 그렇게 수출로 성공의 길로 들어선다. 원단판매에 이어 점차적으로 완구 가발 봉제품 등의 경공업 제품으로 수출품목을 늘려 나가는 한편 다른 회사에 주문 생산하던 것을 자신이 직접 공장을 지어 생산함으로써 수출제품의 부가가치를 더 높인다. 또한 수출을 늘리기 위해 해외지사를 설치하고, 일 벌레란 별명에 걸맞게 일년 중 절반 이상의 기간을 해외에 머무는 등 세계시장을 헤집고 다닌다. 1972년, 남보다 한발 앞선 판단력으로 미국의 섬유수입 쿼터량을 확보하는 데 성공함으로써 국내 최대의 섬유수출기업으로 부상하고 창업 5년 만인 그 해 대우실업은 무려 $5,300만을 수출하는 기염을 토한다. 그 해의 우리나라 수출총액이 16억 2,400백만 달러였으니, 대우실업이 총 수출의

3.3%를 담당한 것이다.

와이셔츠, 가발, 완구 등을 수출하여 축적한 자본을 바탕으로 대우실업은 새로이 기업을 설립하거나 다른 기업을 인수하며 중공업, 금융업으로 사업영역을 넓힌다. 성장에 성장을 거듭한 끝에 창업한지 10년도 채 못 된 1970년대 중반경, 대우실업은 산하에 섬유, 기계, 전기, 금융, 건설 부동산 회사를 거느린 10대 재벌그룹으로 부상한다. 대우실업이 이처럼 재벌그룹으로 성장 발전한 배경은 정부의 중소기업육성정책 — 사실, 당시에는 이것이 존재하지도 않았지만 —이 아니라 도전, 창조, 희생의 정신으로 주어진 환경을 극복하며 스스로의 운명을 개척해 나간 대우의 기업가 정신이다.

2.2 현대 중공업

현대중공업은 1970년 3월 현대건설㈜ 조선사업부로 출발하여 1972년 창립된 회사다. 가난이 싫어 가출한 18세 소년, (고)정주영 회장이 쌀집 종업원을 거쳐 부를 쌓아 현대건설을 세우고 다시 현대중공업을 설립하는 과정 그 자체는 한편의 드라마이다. 정주영 회장이 처음 허허벌판의 울산 모래사장 위에 세계최대의 조선소를 짓겠다는

▲ 현대중공업 예전(좌)과 오늘날(우)의 모습

포부를 밝혔을 때 대부분의 사람들이 "미쳤다"고 했다.

그러나 정 회장은 "이봐 해 봤어"라는 유명한 말을 남기며 자신이 목표한 바대로 조선소 건설을 밀어붙인다. 그의 자서전(정주영, 1998, 이 땅에 태어나서)에는 조선소 건설에 뛰어드는 과정이 아래와 같이 기술되어 있다.

울산조선소 건설을 두고 혹자는 중화학 공업 선언에 따라 정부가 '현대'를 지정해서 조선소를 만들도록 했다고 하는데, 그 애기는 반은 맞고 반은 틀리다. … (중략) 어쨌든 1960년대 전반에 이미 내 마음속에 조선소가 멀지 않은 미래의 꿈으로 들어앉아 있었던 것은 확실하다. … (중략) 이틀에 걸쳐 요코하마 조선소, 가와사키 조선소, 고베 조선소 시찰을 했다. … (중략) 고故 김학렬 부총리는 나에게 조선소 건설을 권유했는데… (중략) 어쨌거나 나는 나대로의 판단이 있었기 때문에 그저 못들은 척 했는데, 권유의 강도가 점점 심해지더니 나중에는 성화가 아예 불 같았다. 그렇잖아도 혼자 꿈꿔오던 조선소 건설에 대한 내 꿈을 정부의 강력한 의지가 슬슬 부추겼다. '정부가 꼭 해야겠다는데…' 그렇다면 한번 해 보겠노라고 대답해 놓고 나는 곧장 차관을 얻으러 나섰다… (중략) "아무리 노력해도 어디에서도 차관을 주겠다는 나라가 없으니 기권할 수밖에 없다"고 김학렬 부총리에게 사정 얘기를 했다. 며칠 후 김부총리가 대통령과의 면담을 잡았다고 해서 청와대로 들어갔다. "그동안 여기저기 쫓아다녀봤지만 일본이나 미국이나 아예 상대를 안 해줍니다. 아직 초보적인 기술단계에 있는 너희가 무슨 조선이며 무슨 몇 십만 톤이냐는 식이니, 도저히 안 되겠습니다. 저는 못하겠습니다." 내 말은 들은 대통령이 화를 내면서… (중략) "이건 꼭 해야만 하오, 정회장! 일본, 미국으로 다녔다니 그럼 이번에는 구라파로 나가 찾아봐요. 무슨 일이 있어도 이건 꼭 해야 하는 일이니까 빨리 구라파로 뛰어 나가요." 대통령이 그렇게 나오는데 더 이상 못하겠다는 소리는 할 수 없었다. … (중략) 오로지 나라의 경제 발전 외에 아무런 사심이 없었던 지도자 박 대통령의 조선소 건설에 대한 의지와 집념이 나에게 뻐근한 감동으로 와 닿았다. '무슨 일이 있어도 기어코 만들어내야겠구나.' 돈 꾸러 다니다 지쳐 무릎 힘이 빠져 나갔던 나는 그날부터 새로운 각오와 결심으로 다시 뛰기 시작했다(정주영, 160-164).

▲ 5백원 지폐

정주영 회장은 영국의 선박컨설턴트회사인 'Appledore' 그리고 'Scotlithgow 조선소' 관계자들에게 거북선이 그려진 5백원짜리 지폐를 내밀며 "우리는 이미 16세기에 철갑선을 만드는 능력을 가졌다"고 설득하기를 수차례 반복하며 마침내 이들과 기술협약을 체결하는 데 성공한다.

그에게 떨어진 그 다음 문제는 조선소 건설에 필요한 돈(외화자금)을 확보하는 것이었다. 그 문제를 해결하기 위해선 반드시 배를 살 선주를 확보해야 했다. 그래야만 은행(Barclays)이 자금을 대준다고 했기 때문이다.[4] 그러나 배를 사줄 선주를 확보하는 것은 용이한 일이 아니었다. 선박 건조 경험도 전무하고 모래사장이나 다름없는 조선소 부지 사진과 영국 업체에서 빌린 26만 톤급 유조선 도면 한 장을 달랑 들고 온 그에게 누구도 선뜻 배를 주문하지 않았던 것이다.

궁하면 통하는 법이라는 것을 증명이라도 하듯 우여곡절 끝에 그는 그리스 선주(리바노스사, 고객)를 설득하여 26만톤급 유조선을 수주하는 데 극적으로 성공한다. 전설처럼 들리는 이 이야기는 경제계 대부분이 알고 있는 분명한 실화이다. 선박 건조 경험이 전혀 없는 업체에 주문을 주었다는 것 자체가 거짓말처럼 들리지만, "길이 없으면 길을 찾고, 찾아도 없으면 만들면 된다"는 기업가 정신 앞에선 그 같은

---

4 Barclays는 영국수출신용보증기구(Export Credit Guarantee Department: ECGD)의 지급보증을 요구했고, ECGD는 지급보증을 위해 선주(고객)로부터의 주문증명을 요구하였다.

경험은 수주를 결정짓는 최종 변수가 될 수 없었다.

맨땅에서 출발한 현대중공업은 정주영 회장의 기업가 정신을 바탕으로 불과 2년 3개월 만에 세계최대의 조선소를 완공한다. 서독의 정부 관리가 자금을 차입하러 방문한 정 회장에게 "아예 목선이나 만들라"는 조롱을 하고, 일본 조사단("아까자와 보고서")이 한국은 5만톤급 화물선 제조능력밖에 없다며 우리의 대형조선소 건설 가능성을 일축하였지만 그는 마침내 해냈던 것이다.

더욱 놀라운 것은 수주계약을 체결한 후 약 2년 반 만에 26만톤급 선박을 진수시킴으로써 다시 한 번 세계 조선업계의 이목을 끌었다는 점이다. 현대중공업이 그렇게 진수한 1호 유조선의 이름은 "아틀랜틱 배런"이다.

그러나 배는 인도했지만 별로 남지 않는 장사였다. 수주가 급선무였던 그의 다급한 사정을 눈치 챈 선주가 배 가격을 국제시세보다 16% 이상 후려쳤고, 축적된 기술이 없으니 설계도면이나 엔진 등 주요 부품은 해외에서 사올 수밖에 없었다. 현대중공업이 한 것이라곤 철판을 이어 붙이고 납땜하고 조립하고 페인트칠하는 노동집약적 작업이었으니 부가가치가 높을 수가 없었다.

유조선이 현대중공업의 존재를 세계에 알렸다면 LNG선은 세계 조선업계의 패권을 거머쥐게 만든 효자였다. 현대중공업이 LNG선을 수주하는 과정은 가시밭길을 걷는 것처럼 어려운 일이었다. 현대중공업은 1978년 LNG전담팀을 꾸려 수주에 나섰으나 10년 이상이나 수주를 못했다. 고도의 기술을 필요로 하는 LNG선을 건조하는 제작기술도 만만치 않은 일이었고, 액체가스의 선적 및 하역에 필요한 운항기술을 확보하는 일도 어려운 과제라 수주가 여의치 않았기 때문이다.

하지만 마침내 세계최대의 연구인력을 바탕으로 조선기술의 혁신에 주력한 결과 1991년 한국가스공사로부터 LNG 1호선을 수주하고 건조하는 데 성공한다. 또 일본의 NYK로부터 운항기술을 습득한 후, 1999년엔 나이지리아로부터 2척의 고부가가치 기술집약적인 LNG선을 수주하는 데 성공함으로써 현대중공업은 거침없이 도약을 지속한다. 2004년엔 도크 없이 맨땅에서 선박을 건조하는 기술혁신을 통해 세계조선업계의 감탄을 자아내기에 이른다.

현대중공업이 유조선 LNG선을 통해 번 돈은 혁신을 지속하고 사업을 확장하는 토대가 된다. 모방과 리버스 엔지니어링(reverse engineering)을 통해 익힌 초창기의 단순한 기술이 거듭된 혁신으로 인해 점차 창의적·독자적인 고급의 엔지니어링 기술로 발전한다. 이런 과정을 통해 축적된 혁신의 Knowhow는 해외에서 사오던 엔진을 자체적으로 개발, 생산할 수 있게 만들고, 해양(해양 석유 및 가스전을 개발 생산하는 설비의 제작 및 기타 부대사업) 및 플랜트 분야(화력, 복합화력, 원자력 등의 발전 분야, 담수화 설비, Oil & Gas Plant, 정유 및 화공 plant 등)로 사업을 확장하고, 굴삭기, 지게차 등의 중장비 업종에도 진출하게 만든 원동력이 된다. 이 같은 혁신이 꼬리에 꼬리를 물면서 현대중공업은 2012년 현재 세계 조선업계 제1위의 업체(수주물량기준)로 우뚝 선다.

한편 현대중공업의 조선업 진입을 필두로 경쟁관계에 있는 국내 굴지의 재벌인 삼성과 대우도 본격적으로 여기에 뛰어든다. 이로써 현대중공업, 대우조선, 삼성조선, 한진중공업 등 업체들간 국내외 시장을 선점하기 위한, 그리고 살아남기 위한 살벌한 수주경쟁이 벌어진다. 특히, 이들 3사가 해외시장에서 벌인 수주경쟁은 그야말로 수주전쟁이라 할 만큼 치열한 것이었다.[5] 수주경쟁에서 이기기 위해선 가

---

5 필자는 인도 뭄바이(당시, 봄베이) 주재원 시절(1990년대 중반) 수주 경쟁과정을 가까이서 직접 지켜보았는데 이들 3사 및 일본 조선업체 주재원들이 입찰정보를 수집하고 본사와 긴밀히 연락하며 필사적으로 경쟁하던 모습들이 아직도 눈에 선하다.

격경쟁력을 확보하는 것이 우선인데, 이를 위해 기업들은 기술 및 경영의 혁신을 통한 원가절감에 모든 노력을 경주해야 했다. 즉, 이들 업체간의 살아남기 위한 경쟁이 결국 새로운 기술과 경영의 혁신을 유발하며 한국의 조선산업이 굳건한 국제경쟁력을 갖추는 데 결정적인 역할을 한 것이다.

한국의 조선산업이 불과 반세기 만에 세계시장을 제패하며 성장 발전하게 된 성공의 원동력은 분명하다. 광활한 해외시장에서의 성공 가능성을 꿰뚫어 보고 세계적 수준의 대형 조선소 건설에 승부수를 띄우며 혁신을 거듭한 기업가 정신이 그 원동력이다. 사익을 추구하는 기업의 필사적인 노력이 허허벌판에 불과했던 모래땅을 세계 굴지의 조선소로 변모시키고 세계적 규모의 여러 조선업체를 탄생시킨 것이다.

물론 기업가 정신에 불을 붙인 건 우리나라 조선업체간의 피 튀기는 경쟁구도이다. 세계시장을 쟁취하기 위한 현대, 삼성, 대우 등 재벌 대기업간의 치열한 경쟁구도가 이들 기업의 혁신을 야기하며 성장 발전을 견인한다. 경제 피라미드의 최고 정점에 있는 이들 대기업들, 즉 조립업체(Assembler)들의 성장 발전은 필연적으로 여러 자회사/계열사와 수많은 1차, 2차, 3차 등 협력사(vendors) 및 하청업체의 동반 성장을 수반하였다.

대기업 3사의 출현과 함께 등장한 수많은 중소기업이 모여 우리나라 조선산업은 비로소 그 형태를 갖추기 시작하며 모방과 혁신을 지속하고 자본을 축적하며 스스로 성장 발전해 온 것이다. 2012년 말 현재, 세계 10대 조선소 가운데 현대, 대우, 삼성 등 우리나라의 7개 업체가 포함되고, 시장점유율(2012년 수주량 기준)이 51%에 달할 정도로 한국의 조선산업은 세계에서 독보적인 위치를 굳히게 되었다.

우리나라 조선산업의 성장과정을 보면 유치산업육성정책에 대한 의문을 던지지 않을 수 없다. 따라잡기 이론가들이 주장한 것처럼 과연 유치산업이란 것이 처음부터 존재했던 것일까? 유치산업은 사전적 의미를 보면, "장래에는 성장이 기대되나 지금은 수준이 낮아 국가가 보호하지 아니하면 국제 경쟁에 견딜 수 없는 산업(네이버 사전)"으로 정의되어 있다. 마치 지원과 보호를 필요로 하는 어떤 산업이 유치(幼稚)한 형태로 존재하고 있는 것처럼 정의하고 있다.

그러나 지금까지의 논의에서 본 것처럼 우리나라에서 조선업을 영위하는 유치한 기업은 있었을지 몰라도 유치한 상태의 조선산업이 존재하지 않았다. 거의 "무(無)"에서 출발한 우리의 조선분야 기업들이 "유(有)"를 창조해 나가는 과정에서 우리의 조선산업이 서서히 그 모습을 갖추었던 것이지, 처음부터 모습이 갖춰진 "유치한 형태의 조선산업"이 존재한 것은 결코 아니었다. 조선산업을 예로 들어 설명하였지만 모든 산업은 조선산업의 경우와 비슷한 과정을 거치며 형성되고 성장 발전한다. 앞서 주장한 바와 같이 경제의 성장 발전을 경제나 산업의 창으로 들여다보면 유치산업육성책과 같은 오류에 빠질 뿐만 아니라 경제를 정부가 인위적으로 키운다는 함정에 빠지게 되고 만다.

우리나라 조선산업의 성공이 사익을 추구하는 기업의 역동적 성장 과정이라고 해서 정부가 그 성장 발전에 기여한 바가 없다는 것은 아니다. 정부도 일정부분 기여를 한 것이 분명하다. 정부는 정책금융을 통해 저리의 자금을 공급해주기도 하고 한국판 항해조례라 할 수 있는 해운조선종합육성방안(1976)을 통해 우리 선박은 우리 조선소가 건조하고 우리 화물은 우리 선박으로 수송하게 함으로써 일감을 몰아주기도 하였다.

이외 같은 정부의 조선산업 육성정책이 성장 발전의 일익을 담당

한 것은 맞다. 그렇지만 우리나라의 조선산업이 오늘의 모습으로 성
장 발전한 것은 정부의 지원과 보호가 사라진 이후인 1980년대 이후
의 일이다. 그렇다면 과연 정부의 정책이 현대중공업의 도약에 어느
정도로 결정적인 역할을 한 것일까?

정부가 정주영 회장에게 조선업 진출을 유도한 것은 맞다. 그렇
지만 울산조선소 및 우리나라 조선산업의 성공은 도전과 모험을 두려
워하지 않는 기업가 정신과 혁신이 넘쳐나는 시장경제 그 자체가 없
었더라면 불가능한 일이었을 것이다. 어느 누구도 정주영 회장더러
"울산 미포만의 황량한 바닷가에 소나무 몇 그루와 초가집 몇 채가 초
라한 백사장 사진과 1/50,000짜리의 그 지역 지도 한 장, 그리고 스코
트 리스고우에서 빌린 26만t짜리 유조선 도면을 들고 다니면서(전게서,
174–175)" 수주하라고 시키지 않았던 것과 마찬가지로 세계시장을 선
점하기 위한 대우, 현대, 삼성 등 재벌 대기업 간의 치열한 경쟁구도
역시 정부가 의도적으로 만들어 낸 것이 아니다.

2.3 삼성전자

한국경제의 존재를 세계에 드높인 삼성전자. 그 시작은 1936년
(고)이병철 회장이 세운 협동 정미소에서 출발한다. 조그마한 협동 정
미소를 경영하며 종잣돈을 마련한 그는 1938년 건어물을 수출하고 국
수를 파는 삼성상회를 설립한다. 1943년 삼성상회는 이 사업으로 돈
을 벌었고, 그는 다시 조선양조를 인수한다. 1948년 이 두 회사에서
번 이익금을 바탕으로 그는 사업의 본거지를 서울로 옮겨 삼성물산공
사를 세우고 사업확장에 나선다. 6.25전쟁의 참화 속에서도 그는 고철
을 수출하고 설탕, 비료를 수입하며 더 큰 사업을 일으킬 수 있는 자

본 축적을 계속한다.

　그간의 본업이 주로 유통, 무역 등 및 상업이었던 그는 1953년 마침내 제일제당㈜을 설립함으로써 본격적으로 제조업에 발을 들여놓고, 이듬해인 1954년 또 다른 제조업체인 제일모직㈜을 설립한다. 비로소 삼성상회의 상업자본이 마침내 산업자본으로 변신하기 시작한 것이다. 원조물자로 제공된 원당 및 원모를 가공하는 제당업과 모직업은 이른바 삼백산업이자 대표적 수입대체산업이다. 대부분의 물자가 부족했던 6.25전쟁 후의 상황에서 삼성은 이 사업을 통해 그야말로 떼돈을 벌었다.

　삼성물산, 제일제당, 제일모직의 트로이카 사업을 통해 그는 또 다른 사업에 진출할 수 있는 충분한 자본을 축적한다. 이 축적된 자본을 바탕으로 1957년엔 천일증권을, 1958년에는 한국타이어, 동일방직, 안국화재(삼성화재 전신)를 인수하고 조흥, 한일 등 2개 시중은행의 최대주주가 된다. 1950년대 말 삼성그룹은 그 산하에 16개 계열기업과 2대 시중은행을 거느린 한국 제1의 재벌로 부상한다.

　이와 같이 삼성그룹은 기업가 이병철의 주도로 정미소에서 출발하여 자본을 축적하며 스스로 성장 발전한다. 물론 그 성장 과정에서 기업에게 유익한 정부의 지원과 보호도 있었다. 자금이 절대적으로 부족하고 물가가 수천 배나 폭등하는 경제 상황에서 정부가 귀한 외화(달러)와 원화를 빌려주는 것 그 자체가 특혜였다. 게다가 제일모직의 정상화를 위해 정부는 1958년 소모사를 제외한 모직물의 수입을 금지하는 보호주의적 정책을 펼친 적도 있다. 그러면 이와 같은 정부의 지원이나 보호만으로 삼성의 성장 발전을 재단할 수 있을까? 삼성전자가 결정적으로 도약하는 과정을 보면 이 물음에 대한 해답이 보인다.

　정부가 삼성전자의 설립을 인가한 때는 1969년이다. 아이러니컬하게도 지금의 중소기업 적합업종에 대한 논란이 약 45년 전인 그 당시에도 있었다. 그 당시 기존의 49개 전자관련업체들은 재벌 삼성이 전자공업에 진출한다며 설립 인가 자체를 줄기차게 반대했다. 반대의 명분은 "전자공업은 중소기업 업종"이라는 것이었다. 이 명분을 등에 메고 기존 업체들은 신문광고를 내고 전자업계 연명의 탄원서를 청와대에 제출하는 등 집단적·조직적으로 삼성전자의 설립인가를 반대했다. 자신들만의 이익을 보호하기 위한 중소기업 적합업종에 관한 당시의 논란이 요즈음 그것과 너무 유사하여 놀라움을 감출 수 없지만, 삼성전자는 그렇게 축복받지 못한 채 태어났다.

이병철 회장의 자서전에도 이 과정이 기술되어 있다.

전자산업의 장래 전망에 관한 견해를 <중앙일보>에 발표하고, 본격적인 준비에 착수하였다. 업계는 시끄러워졌다. 삼성이 진출하면 한국의 전자업계는 다 망한다고, 기존 메이커는 물론, 심지어 국회위원까지 동원하여 새로 시작하는 전자산업의 저지운동을 맹렬히 전개했다. 정부의 허가절차도 지지부진이고 해서, 그들을 설득하다 못해 부득이 대통령에게 직접 전자산업의 장래성을 설명하여 이것은 국가적 사업이 되어야 한다고 강조했더니, 즉시로 전자산업 전반에 관한 개방 지시가 내려 1969년 1월 13일 삼성전자공업의 설립을 보게 되었다(이병철, 2014, 호암자전, 326).

설립 당시 삼성전자의 종업원은 30여 명 내외였다. 이런 소규모 기업이 2012년 말 현재 국내 사업장 종업원 10여 만 명이 넘는 한국을 대표하는 자랑스러운 대기업으로 성장 발전하여 왔다. 이 비약적 성장의 결정적인 배경은 (고)이병철 회장의 도쿄 선언이다. 이 회장은 1983년 2월 삼성그룹이 산업의 또 다른 쌀로 불리는 메모리 반도체 사업에 대대적인 투자를 단행하겠다고 선언한다. 미국과 일본이 세계 메모리 반도체 시장을 석권하고 있었던 당시의 상황에서 기술도 없는 삼성이 이 사업에 도전장을 던진 것은 그야말로 모험에 가까운 결정이었다. 때문에 삼성전자가 이 사업에서 실패할 것이라는 비판적 견해가 지배적이었다.

그러나 그로부터 10여 개월 후인 동년 12월 비관론을 보란 듯이 잠재우며 64K DRAM을 독자 개발하는 데 성공하고, 1986년엔 1M DRAM을 개발함으로써 선진국과의 기술격차를 2년 정도로 줄이게 된다. 삼성전자의 반도체 산업 진출은 극단의 위험을 감수하고 글로벌 시장을 향해 과감한 승부수를 띄운 기업가 정신의 정수를 보여주는 대표적 사례다.

반도체 업계의 후발 주자 삼성전자가 선진국을 결정적으로 따라잡은 것은 1994년의 256M DRAM 개발이다. 독자적인 기술로 세계 최초로 이 제품의 개발에 성공함으로써 마침내 삼성전자는 기술력의 우위를 바탕으로 세계 DRAM 시장을 선점하기 시작한다. 이후에도 삼성전자는 그야말로 무서운 질주를 계속하며 1996년엔 1G DRAM을 개발하는 등 여전히 DRAM 업계의 선두주자의 자리를 굳히게 된다. DRAM 사업으로 삼성전자는 한동안 돈 방석에 앉게 된다. 시장을 선점한다는 것은 적어도 후발 주자가 따라오기 전까지는 독점적 지위를 유지한다는 것을 의미하므로 제품의 부가가치가 높을 수밖에 없었다.

메모리 반도체 사업의 성공은 그 자체에 그치지 않고 신규 사업을 성공으로 이끄는 튼튼한 바탕이 된다. 삼성전자는 SRAM, 낸드 플래시메모리 및 비메모리반도체 분야에도 진출하며 사업의 범위를 확장한다. 또 1987년엔 일본 도시바로부터 기술을 전수받아 휴대폰 사업에도 진출한다. 처음엔 남의 기술로 시작했던 휴대폰 사업은 지금은 세계시장 점유율 1위의 Smart Phone 사업으로 진화하며 삼성전자의 새로운 캐시카우가 된다.

이런 성공은 그냥 주어지는 게 아니라 기업가 정신이 낳은 결과이다. 자신의 이익을 추구하기 위해 끊임없이 노력한 삼성전자의 오너, 경영자, 그리고 종업원 등이 만들어 낸 혁신의 대가인 것이다. 특히, 1995년 무려 500억원어치, 15만여 대의 불량 휴대폰을 직원들이 보는 앞에서 직접 불태우라고 하며 기술 혁신을 독려하고, "마누라 빼고 다 바꾸라"며 경영 혁신을 진두지휘한 삼성전자 이건희 회장의 결단은 빼놓을 수 없는 성공 요인이다. 삼성전자의 이 같은 혁신의 성공 DNA는 Smart Phone, 스마트 TV 등 첨단 전자제품으로 전수되며 불과 30여 년 만에 삼성전자를 디지털 혁명을 선도하는 최첨단 회사로 도약시켰다.

삼성전자의 성공은 현대, 럭키금성(현, LG) 등의 여타 재벌의 반도체 사업의 진출을 이끌었다. 1893년엔 현대전자산업, 그리고 1989년엔 금성반도체 등 이 사업에 동참함으로써 경쟁체제가 형성되기 시작한다. 특히, 그 중에서도 삼성과 LG간 전자산업 분야의 경쟁구도는 매우 치열한 것이었다. LG는 삼성과 사돈관계에 있었지만, LG는 삼성의 전자공업진입을 앞장서서 반대한 것을 시작으로 대부분의 분야를 함께 진출하며 경쟁을 벌였다.

"삼성과 LG는 국내시장에서 선두자리를 차지하기 위해 치열하게 경쟁하는 과정을 통해 세계적인 기업으로 발돋움할 수 있었다. 그들은 한쪽에 뭔가 새로운 것을 시도하면 이에 뒤질세라 따라하고, 상대방에게 앞서기 위해 또다시 새로운 무언가를 시도했다. 이와 같은 경쟁, 상호 모방, 혁신이 없었더라면 두 그룹은 지금과 같은 위상을 갖추기 어려웠을 것이다(서울대 경영대 이경묵 교수, 박승엽·박원규(2007)의 추천사)."

삼성전자가 국내외의 치열한 경쟁을 뚫고 기적의 30년을 구가하

며 승승장구한 것과는 달리, 반도체 분야 후발 주자였던 두 업체는 유
감스럽게도 1997년 외환위기 과정에서 하이닉스로 통폐합되는 비운
을 맞는다. 세계 메모리시장의 경쟁격화로 비틀대오던 하이닉스는 결
국 SK그룹으로 넘어가 지금은 SK 하이닉스가 되었다. 한편 메모리반
도체 사업을 내놓았던 LG그룹은 휴대폰 사업에 진출하며 다시 삼성
과 경쟁하게 되고, 후발주자 팬택도 그 경쟁에 가세한다. 이로써 우리
나라 반도체 및 전자산업은 이들 대기업을 정점으로 수많은 계열사,
하청/협력 업체가 존재하는 지금의 모습으로 성장하게 되었다. 2014
년 말 기준으로 우리나라 전자산업의 위상을 보면, 세계 DRAM 시장
점유율 66%(2013년 말 기준) 그리고 휴대전화 세계시장 점유율은
35.5%(2014년 1/4분기 기준)로 모두 세계 1위를 달리는 기염을 토하고
있다.

　　삼성전자가 기술 및 경영의 혁신을 지속하며 비약적으로 성장세
를 이어가는 가는 동안 일본의 엘피디, 미국의 마이크론 테크놀러지
등 세계유수의 반도체 업체들은 코너에 몰리며 존립마저 위협받는 상
황이 전개되고 있다. 그리고 도저히 따라잡을 수 없을 것만 같았던 소
니는 세계전자업계의 변방으로 밀려나 몰락의 길목으로 성큼 다가가
있고, 경쟁에서 밀린 히타치는 업종전환을 통해 새로운 활로를 찾는
중이다.

　　정부가 재벌기업 삼성전자를 정말 키운 걸까? 정부의 전자공업진
흥법(1969년), 곧이어 발표된 전자공업육성 8개년 계획안 그리고 그에
따른 전자공업육성자금(재정자금)의 수혜가 삼성전자 성장 발전의 기
초가 된 것일까? 정부의 지원과 보호 중심의 정부 정책은 삼성전자의
도약에 분명히 도움을 주었을 것이다.

　　그러나 오늘의 삼성을 존재하게 만든 도쿄 선언은 지원과 보호

중심의 정부 정책은 이미 사라진 1980년대 이후의 일이다. 즉, 삼성전자 성장 발전의 일등공신은 DRAM 사업을 이끈 기업가 정신인 것이다. 모험에 가까운 선택과 혁신으로 삼성전자는 스스로의 운명을 개척한 결과이다. 따라잡기 이론가들에겐 유감스럽게도 들겠지만, 삼성전자는 미래를 내다보는 기업가 정신을 바탕으로 경쟁적 시장에서 혁신을 거듭, 자본을 축적하며 스스로 성장 발전한 것이지, 정부의 보호주의적 산업정책에 힘입어 성장한 것이 아님이 분명하다. 더구나, 그간의 삼성전자의 성장 과정을 면밀히 관찰하여 보면 1908년대 이후의 재벌정책에서 목격할 수 있는 것처럼 정부가 삼성전자의 자유로운 기업활동에 제약을 건 증거는 있지만 직접 삼성전자를 키웠다는 증거는 찾기 쉽지가 않다.

경제선진화로 둔갑한 재벌규제

1. 시장개혁이 재벌규제로[1]

　　우리나라에서 시장개혁에 시동을 건 주체는 제5공화국 정부의
경제관료들이다. 제5공화국 출범과 함께 경제실세로 부상한 이들은
김재익 (전)경제수석, 강경식 (전)재무부장관 등 소위 말하는 안정론자
들이다.[2] 이들 중에서도 (고)김재익은 "경제는 당신이 대통령이야"라
는 일화가 전해질 정도로 정부의 경제운용에 있어 절대적인 영향력을
행사한 인물로 알려져 있다. 안정론자들은 "안정 자율 개방"을 기치로
내걸고, 정부가 자원배분에 개입하는 것은 더 이상 효율적이지 않다
고 판단하고 정부주도 경제체제의 개혁에 착수한다.

　　구체적으로는 개발연대의 중화학공업화, 관치금융, 그리고 수출
지원제도 등의 자원배분 시스템을 시장중심으로 개편하는 데 초점을

---

1 본 장의 일부 내용은 '이야기 한국경제 (좌승희·김창근, 2010)'에서 따왔다.

2 이들은 개발연대의 김성렴 비시실장, 오원철 경제 제2수석 등의 경제실세에 밀려 제
목소리를 내지 못한 채 경제운용의 제2선에 머물러 있었던 관료들이었다.

맞추었다. 시장개혁은 정부의 경제 개입 및 간섭을 줄여 경쟁을 활성
화함으로써 자원의 배분 및 가격이 시장기능에 의해 결정되는 이상적
시장을 구현하기 위한 것이라는 점에서 시장주의 개혁이라 일컬어진
다. 또한 법, 제도의 개혁을 통해서 선진국형의 시장경제체제를 지향
한다는 점에서 일명 경제선진화 혹은 선진화 개혁이라고도 한다.

　　정부의 시장개혁은 대체적으로 시장친화적인 제도를 확립하는
방향으로 가닥을 잡는다. 먼저, 철강, 기계(자동차 포함), 조선, 전자, 섬
유, 화학, 비철금속 등 7개 특정산업(중화학공업)을 육성하는 데 초점을
맞춘 관련 진흥법들을 폐기하여 이를 공업발전법(1986)을 통폐합한
다. 종전의 진흥법은 해당산업이 규모의 경제를 유지해야 한다는 취
지로 진입을 제한하였는데, 이 규제를 철폐함으로써 산업의 진입기회
를 넓혀주며 경쟁을 활성화시킨다. 또, 금융관치의 여지를 줄이고 정
책금융을 축소하며 금융산업의 시장기능을 살리기 위해 금융시장의
자율화 및 자유화의 폭을 넓히는 방향으로 개혁을 추진한다. 그리고
수입자유화로 개방의 폭을 확대하여 시장의 경쟁환경을 제고시킴으로
써 국내 시장의 독과점에 따른 폐해를 줄이는 개혁을 추진한다.

　　이러한 시장개혁의 핵심은 재벌개혁이었다. 개혁세력은 당시 한
국경제가 대기업 위주의 정부주도 성장전략이 낳은 후유증으로 고전
하고 있었다고 판단하였다. 중화학공업 육성정책으로 인해 1970년대
후반부터 물가가 폭등하고, 재벌 대기업으로 자원이 집중되면서 중소
기업과의 격차가 확대되고, 또 기업과 인구가 밀집된 수도권 경제가
비대해지는 반면 지방경제는 위축되고 농촌이 낙후되는 등 경제 전반
의 불균형, 불평등 현상이 심화되고 있다고 본 것이다. 그 이전에도
개혁세력은 개발연대 정부주도의 '작은 나라 큰 기업' 전략에서 비롯
된 문제점을 거론하며 안정화시책의 필요성을 주창한 바 있었다. 제5

공화국의 제5차 경제사회발전 5개년계획에 '균형'의 이념이 도입되었던 배경은 바로 이런 문제의식이 반영된 것으로 풀이된다.

　　재벌을 규제하기 위해 먼저 정부는 공정거래법을 개정(1986)하여 경제력 집중억제의 장(章)을 신설하여 그에 대한 법적 근거를 마련한다. 재벌을 대규모기업집단으로 지정하여 출자총액제한, 상호출자금지, 상호지급보증제한, 금융·보험사 소유 주식에 대한 의결권을 제한하는 길을 연 것이다.

　　재벌규제의 구체적 내용을 보면, 자산 4천억원 이상의 대기업 군은 대규모기업집단으로 지정하여 출자총액한도를 순자산의 40% 이내로 제한하고, 상호출자도 금지하며(3년간 유예), 지주회사의 설립을 금지하는 등의 제도를 도입한다. 이에 더하여 여신관리제도를 통해 30대 계열기업군의 은행 대출금을 제한함으로써 재벌의 확장에 제동을 걸고, '부동산취득승인제'를 도입해 재벌이 차입자금으로 부동산(토지, 건물)을 취득하는 것을 억제하고, '자기자본지도비율'을 통해 신규투자 및 부동산 투자를 할 경우 차입금에만 의존하지 않도록 규제했다. 이 외에도 그동안 대기업 자금줄의 역할을 충실히 해온 무역금융을 축소하는 조치를 취한다.

　　재벌에 대한 이러한 직접적인 규제 이외에도 간접규제의 일종인 입지규제도 병행 시행된다. 수도권에 대기업의 신증설 및 대학설립을 금지하는 '수도권 정비법(1982년)'을 제정하여 대기업이 몰려있는 수도권을 규제하기 시작함으로써 경제발전에 필연적으로 수반되는 도시화의 과정에 제동을 건 것이다. 어느 나라나 농촌지역의 인구는 노동자를 필요로 하는 공장으로 모여들고 따라서 공장이 있는 지역을 중심으로 도시가 발전하며 인구가 늘어난다. 우리나라에서도 대기업과 그 공장 그리고 하청업체들이 모여 있던 수도권이 발전하고 팽창하며 이

곳으로 경제력이 집적되고 집중될 수밖에 없었다.

한편 재벌규제와 함께 중소기업을 육성하기 위한 정책은 봇물 터지듯이 생겨난다. 1982년 수립된 '중소기업진흥 10개년계획(1982~1991)'에 의거, 중소기업을 제도적으로 지원 보호할 수 있는 중소기업육성정책이 마련되었는데, 이는 중소기업을 체계적으로 육성함으로써 대기업으로의 경제력 집중과 편중 현상을 바로잡기 위한 것이었다. 또, 그간 대기업 위주로 운영돼 온 자금지원 구조를 시정하여 중소기업에만 한정된 자금 지원책을 마련한다.

2. 재벌규제가 경제선진화인가?

안정론자들은 재벌로의 경제력 집중으로 인해 경제의 불평등 및 독과점이 심화되고 시장이 제대로 작동하지 않았던 당시의 경제현실을 바로잡는 것이 시장주의를 구현하는 길이라 판단하고 재벌개혁을 추진한다. 그러나 재벌개혁은 그 성격상 결코 시장개혁이라 할 수 없다. 재벌개혁은 단지 그들의 이상적이고 진보적인 경제관이 투영된, 즉 그들이 원하는 평등하고 균형된 경제체제를 구축하기 위한 개혁이었을 뿐 레세-페르의 철학에 충실한 경제선진화가 아니었다.

안정논자들이 학습한 경제는 자원이 시장기능에 의해 효율적으로 배분되는 신고전파 완전경쟁모형의 이상적 경제였다.[3] 이들이 원

---

3 이들의 경제관이 진보적·이상적이었다는 사실은 이들이 들고 나온 금융개혁법안에서도 여실히 증명된다. 이들은 당시 재무부 남산 출장소로 불리던 한국은행을 헌법기관화하여 재무부(즉, 관치)로부터 독립시키고, 시중은행의 민영화를 한꺼번에 추진하는 과감하고 파격적인 금융자율화를 주장한 적이 있다. 그 같은 금융자율화가 물 건너간 것은 물론이고, 이들이 주장한 한국은행 독립은 지금까지도 이루어지지 않고 있다는 것만 봐도 이들의 경제관이 어느 정도로 이상적이었는지 쉽게 짐작할 수 있다.

하는 시장은 재벌로 경제력이 집중되고 재벌이 지배하는 독과점체제의 시장이 아니라 고만고만하고 엇비슷한 수많은 기업들이 상호 경쟁하는 공정하고 효율적인 완전경쟁시장과 유사한 형태의 시장경제였다. 그러나 그간 정부의 개입으로 그것이 구축되지 못했고, 따라서 재벌을 규제하고 중소기업을 육성하는 정책을 통해 그 목적을 달성하려 한 것이다.

그러나 그와 같은 이상에 가까운 형태의 시장은 현실적으로 존재하지 않는다. 앞서 언급한 대로 자유시장경제의 특징은 경쟁, 혁신, 기업가 정신 여하에 따라 좌우되는 '공정한 불평등'이다. 재벌은 자유시장경제, 그것도 좁디좁은 국내시장이 아니라 더 넓은 세계수출시장 선택의 결과이다. 재벌규제는 그 선택의 결과를 부정하는 것이고, 따라서 이를 경제선진화라 하는 것은 부적절한 표현이다. 재벌규제는 20세기 초를 전후로 "큰 놈은 좋은 구석이라곤 없고 온통 나쁜 것"뿐이라는 인식에 갇혀 "큰 놈에 대해 저주(The Curse of Bigness)"를 퍼붓기 시작한 미국의 "반독점법"과 마찬가지의 강력한 규제다.

재벌 대기업 규제가 어떤 의미를 갖는지 좀 더 쉽게 설명하여 보자. 대기업은 영어로 표현하면 Big Company, Large Corporation, Big Business Group 등인데, 대기업의 속성을 잘 보여주는 단어는 Assembler, 즉 조립업자다. 대기업은 그 아래에 있는 수많은 하청업체, 협력업체(1차 vendor)들로부터 부품을 공급받아 조립한 후 이를 시장에 내다파는 업체다. 대부분의 일부 핵심 부품은 직접 생산하거나 아니면 계열사를 통해 공급받는다. 자동차 한 대에는 약 2만개의 부품이 들어가는데 이를 현대자동차가 모두 만든다는 것이 사실상 불가능하다. 1차 하청업체는 그 아래에 다시 여러 하청업체(2차 vendor)를 거느리고 있으니, 이런 패턴은 3차, 4차 vendor로까지 이어진다. 차수가 높을수록 단순한 기술에 의존한 업체들이라 그 수도 많아진다.

　시장경제는 이와 같이 대기업을 정점에 두고 피라미드 구조의 형태를 띠며 먹이사슬의 질서를 자생적으로 형성하고 있다. 경제 피라미드구조의 속성상 경제규모는 대기업 숫자에 대체적으로 비례한다.[4] 대기업이 성장할수록 그 하청업체인 중견기업, 중소기업도 함께 성장하고 더 나아가 이들이 다시 대기업으로 성장하면 새로운 하청업체가 늘어나므로 경제 규모가 커진다. 따라서 경제가 발전하려면 당연히 대기업이 더욱 커지는 것은 물론이고 계속 많아지는 것이 바람직하다. 만약 정점에 있는 대기업을 규제하면 그 아래에 있는 수많은 기업들도 동시에 규제를 받는 것이나 마찬가지므로 재벌규제는 매우 강력한 규제이다.

3. 경제민주화로 가는 징검다리

　앞서 언급한 대로 재벌규제의 법적 근거가 된 것은 공정거래법이다. 공정거래법은 전통적으로 경쟁촉진이 그 주된 목적지만 우리의 공정거래법은 경쟁법 본연의 취지 이외에도 재벌규제를 뒷받침하는 법으로서의 역할을 주로 해왔다. 공정거래법상의 재벌규제는 헌법 119조 ①항, 자유시장경제의 정신과 배치되는 것이어서 이를 정당화하기 위한 헌법적 근거가 필요했고, 이 때문에 1987년 헌법을 개정하

---

4 GDP로 본 경제대국의 순위를 보면 미국, 중국, 일본, 독일, 프랑스, 영국, 브라질, 러시아, 이탈리아 등의 순이고 우리나라는 15번째에 올라있다(2013년 IMF기준). 세계 500대 대기업의 국가별 순위를 보면 미국에는 128의 대기업이 있고, 그 다음으로 중국(95, 이하 대기업 수), 일본(57), 프랑스(31), 독일(28), 영국(28), 한국(17), 스위스(13), 네덜란드(13), 캐나다(10)의 순으로 대기업이 많다.

여 헌법 119조 ②항, 즉 경제민주화 조항이 추가된다. 제②항을 보면, "국가는 균형 있는 국민경제의 성장 및 안정과 적정한 소득의 분배를 유지하고, 시장의 지배와 경제력의 남용을 방지하며, 경제주체간의 조화를 통한 경제의 민주화를 위하여 경제에 관한 규제와 조정을 할 수 있다"라고 명시함으로써 재벌규제에 대한 헌법적 근거가 사후적으로 마련되게 되었다.[5] 이로써 재벌규제는 1987년의 헌법개정을 징검다리 삼아 본격적으로 경제민주화의 길로 들어선다.

재벌규제가 그 길로 들어설 수밖에 없었던 이유는 경제민주화의 의미를 살펴보면 알 수 있다. 경제민주화란 '경제＋민주화'란 표현 그대로 경제를 민주화하는 것이고, 그 배경은 한국정치의 민주화 과정에서 찾을 수 있다. 1979년 박정희 대통령의 서거로 독재정권이 무너지자 정치적으로 독재의 잔재를 청산하기 위한 민주화 운동이 봇물처럼 터진다. 한국사회의 모든 분야가 '민주 대 반민주'의 구도로 재단되는 가운데 박정희 체제를 상징하는 재벌은 비민주적 존재로 간주된다. 재벌은 독재정권이 top down의 지시와 명령으로 정책적으로 육성, 보호, 지원하며 인위적으로 키운 독재정권의 유산으로 비춰졌고, 이 때문에 재벌을 규제하여 평등하고 민주적인 경제질서를 구축하기 위한 경제민주화 체제는 숙명처럼 시작된다.

재벌중심의 경제체제는 단기간에 해결될 수 없는 구조적 문제로 진단되면서, 경제민주화는 이후의 역대 모든 정권에서 시장개혁, 경제선진화, 균형발전 등의 명분으로 전통처럼 수용되고 계승된다. 더구나

---

5 이 점에서 ②항은 사회주의적 경제관이 투영된 것이고, 또 "개인과 기업의 경제상의 창의와 자유를 존중하는" 제①항의 자유시장주의 경제관과 분명히 충돌하는 것이다. 헌법에 '경제의 민주화'란 용어가 사용된 나라는 우리나라가 유일하며 이것의 해석에 관한 대법원의 기준도 아직은 없으므로 경세민주화의 헌법적 가치에 대해서는 여전히 다툼의 여지가 남아 있다.

재벌규제는 populism의 속성을 지닌 것이어서 한국사회의 민주화가 진전되면서 다양한 형태로 전개되며 유행하게 된다. Populism은 원래 일반 대중의 인기에 영합하여 정권을 유지하거나 쟁취하려는 정치행위인데, 국민들(다수)의 뇌리에 지원, 특혜, 정경유착으로 성장한 집단으로 각인돼 비난과 질시의 대상이 돼 온 소수의 재벌을 규제하는 것은 국민들의 지지를 이끌어낼 수 있는 인기영합적 정책임이 분명했다(좌승희·김창근, 152). 이런 점에서 제5공화국 재벌규제는 정부가 구호로 내건 '정의사회 구현', 즉 '공평하고 평등한 사회의 구현'과 맞아떨어지는 정책이었다.

　민주주의사회에서 재벌규제는 이처럼 표를 얻기에, 즉, 다수의 지지를 얻기에 좋은 정책이다. 이런 점에서 경제민주화도 결국 다수를 위해 '좋은 (재벌)규제'인 셈이다. 그뿐만 아니라 경제민주화는 시장개혁, 경제선진화, 그리고 균형발전을 위한 좋은 의도의 정책이었다. 그러니 표를 제일로 치는 정치권이나 그 배후에 있는 대중들이 경제민주화를 반대할 하등의 이유가 없다. 진보적·좌파적 진영의 학자들, 시장주의 개혁론자들 그리고 시민사회세력들 등 이른바 '경제민주화론자'들이 경제민주화를 지지하는 것도 이 때문이다. 이들의 주장이 시장을 규제하고 간섭하며 개입하는 것이 본업인 정치관료들의 이해관계와 맞아떨어지면서 우리나라의 경제민주화는 진보진영을 우군으로 거느리게 되는 행운을 누리게 된다. 이는 경제민주화의 길로 들어선 재벌규제가 순풍에 돛 단 배처럼 순항하게 된 또 다른 배경이기도 하다.

4. 황금거위를 핍박하는 경제민주화

일반적으로 5공의 시장개혁은 성공적인 것으로 알려져 있다. 개발연대 내내 지속된 인플레이션을 잠재우며 경제안정을 이루는 데 성공했으니 경제선진화에 초석을 깔았다고 칭송 받아왔다. 덩달아 경제민주화로 징검다리를 놓은 재벌규제 역시 경제선진화의 반열에 올라 후한 평가를 받고 있다. 그러나 이 평가는 틀린 것이다. 왜냐하면 재벌규제는 관주도의 망령에 사로잡혀, 재벌을 관치, 정부주도의 작품으로 오해한 데서 비롯된 것이기 때문이다.

앞서 주장한 대로 박정희 체제는 역대 그 어느 정권보다 시장친화적이었던 시장경제로 번영을 일구기 시작했고, 재벌은 그 시장경제를 발판으로 기업가정신에 의해 스스로 성장 발전한 존재였다. 대부분의 사람들은 박정희 체제가 성장지상주의 또는 성장일변도의 정책으로 성공하였다는 데에는 동의하면서도 그 본질이 시장친화적인 규제혁파였다고 인정하는 사람은 매우 드물다. 이런 점에서, 재벌규제는 시장주의로 나아간다면서 다시 정부주도로 나아간 '되돌이표' 개혁이자, Incentive 세상으로 나아간 박정희 체제의 역사를 발전적으로 계승하지 못한 개혁이라 할 수 있다.

재벌규제는 1986년 우리나라의 GDP가 겨우 1,113억 달러, 일인당 국민소득 2,643달러인 개발도상국 시절에 막이 올랐다. 그 당시의 우리 경제규모는 2013년의 겨우 10분의 1에 불과할 정도로 그야말로 유치(幼稚)한 수준의 보잘것없는 것이었다. 개발도상국의 경제력만큼이나 황금거위의 몸집도 세계시장에선 아직 명함도 내밀 수 없을 정도로 작은 것이었다. 그런데도 그것이 웃자란 것이라 단정하였으니 그야말로 우물 안의 개구리 눈으로 한국경제를 재단한 처사다. 미국의 반독점법은 미국이 이미 선진국의 반열에 올랐을 때 시행됐다는 사실을 감안하면 우리는 너무 일찍 시작했다고 할 수 있다. 설사 공정거래법이 서슬퍼런 권위주의체제의 틈바구니를 비집고 들어온 것이라 하더라도 적어도 경제사를 좀 더 공부하였거나 아니면 "경제는 시장(기업)이 한다"고 생각하였으면 "어리고 어린" 황금거위를 규제의 틀로 옭아매진 않았을 것이다.

분명히 말하지만, 재벌규제는 경제선진화가 아니라 민주주의 정치의 으뜸 이념인 평등을 추구하는 정부주도의 경제민주화다. 평등을 강제하려면 '공정한 불평등'을 만들어 내는 시장을 규제해야 하고, 그러면 시장의 Incentive System이 망가져 경쟁과 혁신 그리고 기업가정신에 제동을 걸리게 되어 결국 성장엔진의 출력은 줄어들고 만다. 시장의 유인체계를 거스르는 즉, '불공정한 평등'을 강제하는 경제민주화 체제가 한국경제를 어디로 인도할지는 독자 여러분도 쉽게 짐작할 수 있을 것이다.

분배정의의 빛과 그림자

1. 노동과 자본

경제학을 배운 사람이면 누구나 Cobb–Douglas 생산함수를 기억할 것이다. 동 함수는 국민경제 전체의 생산량(Y)을 노동(L)과 자본(K)의 투입량으로 정의한 것으로 국민경제의 경제활동을 일목요연하게 설명할 뿐만 아니라 경제의 총요소생산성이나 자본과 노동의 분배율을 규명하는 데 자주 이용된다. 비록 경제를 단순화한 이론적인 함수이긴 하지만, 현실의 경제가 자본과 노동의 몫의 합으로 구성된다는 것을 잘 보여주는 매우 유용한 함수다.

$$Y = F(K, L) = AK^{\alpha}L^{1-\alpha} + e$$

한 나라의 국내총생산(GDP)을 분석하여 보면 이 함수의 의미를 더욱 분명히 알 수 있다. 앞서 언급한 대로 기업을 합한 것이 산업이고 산업을 합한 것이 국민경제이므로 일정기간 동안 기업이 생산활동에 참여하여 창출한 부가가치의 총 합이 바로 GDP이다. 기업이 창출한 부가가치는 궁극적으로 경제주체의 소득으로 처분되는데 이를 나타내는 지표가 국민처분가능소득(NDI: Net Disposable Income)이다.[1] NDI는 노동소득, 자본소득, 세금의 합, 즉 더 구체적으로 개별 기업이 생산과정에서 지출한 세금, 종업원들에게 지급한 급여, 그리고 기업잉여를 모두 합한 것이다.[2] 간단히 표현하면,

> 국민처분가능소득(*NDI*)
> = Σ모든 기업(생산 및 수입세+급여+영업잉여)

2012년의 NDI는 1,112조원인데, 이 중 583.8조원이 노동소득(52.5%), 383.6조원이 자본소득(34.5%) 그리고 145.7조원이 세금(13.1%)

▶ 그림 4-1 국민처분가능소득(NDI) 구성비(1970-2012)

1 국민순생산(NNP: Net National Product)은 국민총생산(GDP)에서 공장이나 기계 등 설비의 감모분, 즉 고정자본소모를 차감한 순부가가치를 나타낸다. NDI는 명목시장가격으로 평가된 NNP에 외국으로부터 받은 소득(대외수취경상이전)을 더하고 외국에 지급한 소득(대외지급경상이전)을 차감한 것이다.

2 영업잉여는 기업잉여, 순지급 이자, 토지 및 건물에 대한 순지급 임차료의 합이다.

이다. <그림 4-1>의 NDI 구성비 추이를 보면, 경제의 성장과 함께 대체적으로 노동소득분배율은 증가해온 반면 자본소득분배율은 하락하여 왔다.

국민경제는 이처럼 두 생산요소의 소득과 생산과정에서 발생하는 세금의 합으로 구성되어 있다. 이 중 세금은 정부에 의해 일방적으로 결정되는 것이므로 분배는 결국 자본과 노동의 몫을 나누는 일로 귀결된다. 그럼 이 둘을 어떻게 나누는 것이 정의로울까?

분배의 쟁점은 자본주의사회의 구조상 자본이 노동자를 고용하여 그 몫을 결정한다는 점이다. 때문에 자본주의사회가 출범한 이래 노동은 자신들이 생각하는 정당한 몫을 차지하기 위해 끊임없이 자본과 투쟁하여 왔다. 서구 자본주의사회 갈등의 시초도 공정분배를 놓고 다투는 자본과 노동간의 한판 힘겨루기였다. 분배투쟁은 자본주의사회가 걸어온 통상의 길이며 지금까지도 계속되고 있는 경제민주화의 단골 메뉴이다. 분배정의를 기치로 내건 분배투쟁이 이미 재벌규제의 길로 들어선 한국경제에 던진 시사점은 과연 무엇일까?

박정희 체제는 분명 친자본의 시대였다. 경제발전은 자본축적의 과정이고 따라서 자본축적에 도움이 되는 시장친화적인 정책을 전개하였다. 개혁 개방과 함께, 정부가 직접 외자를 조달하여 기업에 제공한 것은 물론이고, 8.3 사채동결조치, 정책금융, 국민투자기금 등의 정책수단을 동원하여 자본축적을 독려하는 친자본의 정책이 펼쳐졌다. 반면에 의도한 것은 아니었지만 노동의 권리는 상대적으로 등한시 되었다고 할 수 있다. 청계천 피복노조 소속의 (고)전태일 열사가 "근로기준법을 지켜라"며 분신 산화한 사실에서도 알 수 있듯이, 독재정권하에서 노동자의 권리와 요구는 대체로 외면되었

다. 오히려, 공정분배를 주창하는 노동의 요구는 "근로기준법 지켜
가며 어떻게 경제성장을 계속하느냐"는 자본의 논리에 밀리는 상황
이 이어졌다.

제5공화국에 접어들어서도 노동문제에 관한 한 박정희 체제의
성격은 바뀌지 않았다. 오히려, 제5공화국 정부는 노동세력을 불순세
력으로 간주하고 체제 유지 차원에서 노조 간부를 삼청교육대에 보내
기도 했고, 공권력을 동원해 노조조직을 축소 개편하며 노조를 무리
하게 탄압하는 등 노동문제를 사회문제로 다룸으로써 전형적인 반노
동의 길을 걸었다. 여기에다 임금인상을 억제해 물가를 안정시키려는
경제안정정책의 일환으로 노동을 탄압한 흔적도 엿보인다.3 이 같은
탄압 일변도의 노동정책으로 인해 노동운동의 지하화가 진행되며 노
동문제는 수면 아래로 가라앉는다.

그러나 제5공화국 말기 대통령 직선제를 수용한 6.29선언을 계기
로 서슬 퍼런 권위주의 정치체제가 종말을 고한 가운데 소위 말하는
87년 체제가 싹을 틔운다. 이런 정치적 민주화 흐름에 편승하여 한동
안 '반노동'의 정책기조에 눌려 잔뜩 움츠려 지냈던 노동계가 공정분
배의 깃발을 높이 치켜들면서 분배문제가 일시에 불거진다. 이로써
박정희 체제를 겨냥한 친노동의 경제민주화도 서서히 군불을 지피기
시작한다.

---

3 임금 및 가격을 통제해 물가상승을 억제하는 '소득정책(Income Policy)'은 일반적으
로 혼란기나 비상시에 실시된다. 우리나라에도 정치적 과도기(제3공화국 말기부터
제5공화국 초기)에 소득정책이 노조탄압이라는 우회적인 방법으로 표출되었다고 볼
수 있다.

2. 분배정의

1987년 7월부터 9월까지 이른바 노동자 대투쟁을 전개한다.[4] 1987년 7월 울산에 있는 현대엔진 근로자들이 자발적으로 민주노조를 결성하여 사용자와 직접협상에 나선 것을 시작으로 주요 사업장에서 민주노조가 결성되고, 그 해 9월까지 노동쟁의가 줄을 잇는다. 그동안 경공업에 종사하는 여성 근로자 중심의 노조에서 중공업체에 종사하는 남성 근로자 및 일부 사무직 근로자들이 중심이 된 민주노조가 탄생하고, 이들을 중심으로 노동현장의 공정분배에 대한 공세수위가 한층 높아진다. 근로자들은 지난 수십 년간 억눌려 왔던 분배욕구를 거침없이 한꺼번에 쏟아낸다.

더구나 제5공화국 말부터 밀어닥치기 시작한 3저 호황으로 말미암아 노동자들이 이미 공정분배에 눈을 돌린 상태였고, 노태우 대통령마저 '경제정의'를 민주화의 조류에 부응하는 시대적 요구로 파악하고, '그동안의 분배구조가 가진 자에게 유리한 것이었다'며 '분배정의'에 힘을 실어준다. 이에 따라 친노동의 '분배정의'가 새로운 정책기조로 등장한 가운데 노동자와 사용자간에 이해관계가 첨예하게 대립하면서 노사분규가 줄을 잇는다. 1988년과 1989년 2년 동안 수천 건에 이르는 노사분규가 일어날 정도였다. 사생결단식으로 대항하는 노조의 물리력 앞에 산업현장의 원칙이 무너지며 법치가 훼손되었다. 무노동 무임금이라는 기본원칙이 지켜지기는커녕 사용자가 강력한 노조에 굴복하는 상황이 벌어진다.

노조의 투쟁방식이 이처럼 과격해진 배경은 87년 체제에 올라탄 좌 편향세력의 등장에서도 찾을 수가 있다. 좌편향 이념으로 무장한

---

4 본 장은 '이야기 한국경제(좌승희·김창근)'의 내용을 상당부분 재구성한 것이다.

노조가 임금인상 및 근로조건 개선 등 노동자 권익을 보호하기 위한 본연의 투쟁에서 벗어나 노조의 경영참여와 같은 경제민주화(혹은, 경영민주화) 투쟁을 벌이며 과격해진다. 의식화된 젊은 지성들로부터 Marxism을 학습한 노조는 자본에 의한 노동의 '착취와 수탈'이라는 이분법적 사고로 금기의 붉은 띠를 머리에 동여매고 자본을 적으로 간주한 채 격렬하게 반자본 투쟁을 전개한다. 한때 한국의 노조가 세계에서 가장 전투적이라는 불명예를 안게 된 데에는 이런 투쟁의 분위기가 크게 작용했다고 판단된다.

과격한 노조투쟁이 줄을 이었지만 정부는 노동현장에 공권력을 투입해 기업의 편에 서서 근로자를 억누르고 탄압하던 과거의 관례를 깨고 노사문제를 당사자간의 자율협의에 맡겼다. 그러나 말이 자율이지, 산업현장에 대한 법치를 강제하지 않음으로써 사실상 노동자에게 유리하고 우호적인 친노동의 정책을 펼쳤다.

이런 친노동의 경제민주화로 인해 경제운용의 무게중심은 사실상 성장에서 분배로 이동된다. 분배정의는 노동자들의 주머니를 두둑하게 만들며 우리나라의 중산층 형성을 앞당기는 긍정적 효과를 낳는다. 소비가 늘어나고 덩달아 오르기 시작한 실물자산의 가격도 부의 효과(Wealth Effect)를 유발하면서 소비를 더욱 부추겼다. 노태우 정부(1988~1992) 집권 기간 동안 임금이 두 배 이상 상승하면서 중산층 대열에 편입된 근로자가 늘어나고 경제에도 변화가 감지된다. 생활이 예전만큼 팍팍하지 않자 근로자들의 일하려는 의욕도 줄어들게 되고, 이로 인해 노동의 질도 저하되기 시작한다. 저축보다는 소비가 우선시되며 국내여행보다는 해외여행을 즐기고 해외명품과 같은 사치품을 선호하는 소비 풍토가 생겨났다.

두말할 필요도 없이 분배정의의 직격탄을 맞은 것은 황금거위였다. 대규모 사업장을 가진 재벌 대기업 대부분이 친노동의 진원지였기 때문이다. 급격한 임금상승은 수출 대기업의 가격경쟁력을 갉아먹음으로써 황금거위는 수출시장의 치열한 경쟁을 감내하기 어려운 허약한 체질로 변해간다. 그렇지 않아도 우리의 황금거위는 고속 성장한 만큼이나 근육(자본)보다는 지방질(부채)이 많은 허약체질이었다. 부채도 자산이라는 어느 재벌 총수의 인식처럼 부채에 둔감했고 부채를 늘리며 덩치를 키워왔다.

당시만 하더라도 수출 대기업들은 여전히 원자재(원유 등)와 중간재, 그리고 이를 가공 조립할 자본재를 들여와 완제품을 조립한 후 수출하는 단순 가공/조립업체들 위주였다. 독자적인 기술로 시장을 선도하는 것이 아니라 저임금을 토대로 선진국이 내버린 기술을 모방하며 근근이 가격경쟁력을 확보한 업체들이 대부분이었다. 그러나 <그림 4-1>에서 보는 것처럼 분배정의가 노동소득분배율을 가파르게 끌어올리며 저임금의 기반을 무너뜨리자 황금거위의 체질은 급속도로 허약해져만 갔다.[5]

그러나 유감스럽게도 정부의 판단은 달랐다. 재벌 대기업의 가격경쟁력이 떨어진 것은 지나친 업종다변화와 이에 따른 투자심화의 실패 때문이라고 진단한다.[6] 이에 따라 정부는 재벌의 문어발식 확장(즉, 사업다각화)과 선단식 경영에 따른 폐해를 시정하여 업종전문화를 유도한다는 명분으로 재벌의 상호출자 및 상호지급보증을 제한하는 일련의 제도를 도입한다. 구체적으로 보면, 업종전문화를 유도하기 위한 '주력업체제도(1991. 6)', 재벌계열사간 상호보증을 제한하는 '상호채무

---

5 노태우 정부 집권기간 동안 노동소득분배율은 46.2%(1988)에서 50.9%(1992)로 급격히 상승했다. 이후에도 계속 상승하면서 외환위기 직전 연도인 1996년에는 54.5%로 상승했나.

6 업종전문화시책의 현황, 평가 및 향후 금융지원정책의 방향, 조세연구원, 1996년

보증제한제도(1992. 12)', 사업다각화에 제동을 거는 '출자총액제도
(1992. 12)' 등의 규제가 도입된다.

주력업체제도에 의거, 정부는 30대 재벌의 76개 업체를 주력업체
로 지정한다. 재벌이 주력업체를 중심으로 사업을 재편하고 이에 투
자를 집중할 수 있도록 주력업체에 한해서는 '여신한도관리' 및 '자구
노력의무'를 면제하는 방법으로 여신규제를 완화한다. 정부가 나서서
재벌에게 '이 업체가 당신의 주력업체다'라고 지정하는 것도 문제지만
그 업체에 투자가 집중되도록 유도하는 것은 더 큰 문제였다. 기업으
로 하여금 3개 업종을 선택하게 하였다고 하지만 시시각각 변하는 기
업경영환경하에서 경직적으로 주력업종을 지정하게 만든 것은 기업의
경영판단을 제약하는 옥상 옥의 규제일 뿐이다.

주력업체제도는 투자집중을 유도하여 경쟁력을 강화한다는 긍정
적 측면보다는 정부가 산업차원을 넘어 기업차원으로까지 규제범위를
넓힌다는 점에서 부정적인 측면이 돋보이는 제도였다. 시장이 결정할
사안을 정부가 챙기고 나섬으로써 시장의 유인체계를 망가뜨린 것이
다. 여신규제를 완화하면 금리부담이 다소 줄어들고 투자재원 조달이
용이해지겠지만, 기업이 영위해야 할 업종까지 정부가 간여하겠다고
나섬으로써 기업의 사업선택권에 대한 자율성마저 제한된다. 정부의
이러한 일련의 재벌규제조치를 두고 일부 언론은 '재벌과의 전쟁'이라
는 신조어를 만들어 내기도 했다.

일부 경제학자들은 노태우 정부가 규모기업집단(재벌)의 범위를
자산 순위 기준으로 30위까지로 축소하였다는 점을 들어 재벌규제가
후퇴하였다고 지적하지만 질적인 면에서 보면 정부주도의 망령에 빠
진 관료들이 공정거래법을 2차례나 개정하며 재벌규제에 대한 수위를
점차 높이며 시장의 유인체계를 거스르는 방향으로 행진하였다고 하

는 것이 옳다.

이처럼 시장친화적이지 않은 경제민주화가 겹겹이 쌓여가면서 가뜩이나 허약한 체질의 황금거위는 치명적 상처를 입고 비틀거리게 된다. 수출이 둔화되고 제조업의 활력이 크게 떨어지며 한국경제도 마침내 뒤뚱거리고 만다. 결국 막대한 흑자를 기록하던 경상수지마저 적자로 반전하고 저임금에 의존하였던 한국경제는 고비용-저효율의 구조로 전락하는 치명적 상처를 입는다. 정권초기 사상 유례없는 3저 호황을 구가했던 한국경제가 노태우 정권 후반에 접어들어 마침내 총체적 난국의 상황으로 치닫게 되는 근본적 이유는 그간 전개된 친노동, 반시장의 경제민주화 체제에서 찾을 수 있다.

3. 분배정의의 역사적 고찰

분배정의는 분명 서구 자본주의가 걸어온 길이기도 하다. 초기 자본주의 시절 분배투쟁에 있어서 우위를 점했던 것은 당연히 자본(가)이다. 자본과 노동의 관계는 요즘 말하는 전형적 갑(자본)과 을(노동) 관계다. 이런 관계는 부가가치의 원천에 대한 초기의 해석을 보면 선명히 드러난다. 당대의 경제학자들이 부가가치의 원천은 자본이라고 주장함으로써 결과적으로 분배투쟁에서 자본가를 거들고 나선다.

이 주장을 펼친 최초의 학자는 Adam Smith(1723~1790)이다. 그는 "부의 원천은 노동이지만, 부를 증대시키는 것은 자본스톡이라고 주장함으로써 부가가치의 원천을 자본으로 인식한다. 이런 인식에 따라 18세기 중후반 자본주의가 태동한 이래 한동안 성장의 과실을 독차지한 건 자본(가)였다. 산업혁명의 과정에서 부가 급격히 창출되지

만 부를 독차지한 건 자본이었다. 노동자는 자본과 함께 생산활동에
참여하며 부를 창출하는 데 기여한 일등공신이지만, 분배결정에서 소
외된 채 임금 이외는 이렇다 할 복지도 보상도 받지 못한다. 그 결과
노동자는 빈곤에 허덕이고 경제의 불평등은 점증하여 간다. 이런 불
평등한 현실 속에서 노동자들의 불만이 쌓여가도 그들은 아직까지 그
들의 불만을 해소할 수 있을 정도의 세력으로 조직화되지는 못했다.

3.1 침묵하는 경제학

불평등한 경제현실에 반기를 들며 친노동의 길로 들어선 최초의
경제학자는 영국의 J.S. Mill(1806~1883)이다. 그는 빈부차, 걷잡을 수
없이 확산되는 아동 노동, 내팽개쳐진 노동자의 건강 등 경제적·사회
적 문제를 해결하기 위한 개혁의 필요성을 역설한다. 그는 노동의 편
에 서서 노동조합을 주창하는 한편 입법을 통해 점진적이고 평화적으
로 노동문제를 해결할 것을 촉구한다. 그는 또 자본주의 대신 노동자
가 자본을 소유하고 경영에 참여하는 협동조합(Worker Cooperatives)을
주창하고 나섬으로써 경제학자로선 최초로 경제민주화의 길을 연다.
더 나아가 그는 분배문제를 제도의 개선을 통해 해결할 것을 촉구함
으로써 서구사회에 사회주의의 씨앗을 뿌리는 역할을 하였다.

Mill의 주장에도 불구하고 분배문제는 경제학자들의 주목을 끌지
못했다. 당시의 경제학, 즉 오늘날 경제학의 모태인 정치 경제학
(Political Economy)도 자본주의가 잉태한 이런 불평등의 문제를 윤리적
·도덕적 측면에서만 다루고 있을 뿐, 자본이 부를 독차지하는 자본
주의사회의 불평등한 경제현실에 대해선 침묵하였다. 그 대신 오히려
불평등한 경제현실을 정당화하는 친자본의 이론들이 등장했다. T.

Malthus(1766~1834)는 노동자들이 빈곤한 이유를 인구증가에서 찾았지, 정작 노동자가 당면한 불평등한 현실은 애써 외면하였다. 그 당시 비록 자유주의, 계몽주의 사상이 널리 퍼졌다고는 하나 여전히 기득권층 중심의 기독교 사회의 질서 속에서 이미 기득권층으로 편입된 부르주아지 자본주의세력을 불평등의 주범으로 몰아 공격하는 것은 용이한 일이 아니었다.

침묵하는 상황은 정치경제학이 경제학으로 발전한 이후에도 변하지 않았다. Marshall을 필두로 한 신고전학파가 실증경제학, 즉 오늘날의 주류경제학으로 발전하면서 그동안 명맥을 유지했던 윤리와 도덕마저 경제학에서 자취를 감춘 가운데 불평등한 자본주의사회의 현실은 실증경제학의 관심에서 멀어진다. 대신 분배문제는 Marshall의 지적에서 볼 수 있듯 기껏해야 냉철한 지성(cool heads)을 지닌 정책입안자의 따뜻한 마음(warm hearts)에 호소하는 감정적인 문제로 전락한다.7 물론 분배문제를 다룬 규범경제학도 등장하였지만 어디까지나 그것은 실증경제학의 주변을 맴도는 주변의 학문에 머물렀을 뿐 여전히 주류경제학의 관심을 끌지는 못한다.

3.2 사회주의 혁명: 부의 원천은 노동

경제학자들의 침묵을 대신 깨뜨린 것은 평등한 세상을 꿈꾸는 사회주의 사상가들이었다. 이들 사회주의자들이 상대적으로 가난해진 노동자들을 거들고 나서면서 자본가 중심의 불평등한 사회에 대한 도전이 시작된다. 물론 그러한 도전이 본격화되기 훨씬 이전부터 철학,

---

7 Paul Samuelson은 cool heads=positive economics, warm hearts=normative economics라 했다.

정치, 사회의 분야에서 자본주의사회의 불평등한 현실에 대한 비판이 제기되었고, 이를 타파하기 위한 해법들이 제시되어 왔었다. 예를 들면, 루소는 모든 사회악과 갈등의 원인은 경제적 불평등이라며 불평등이 없는, 즉 사유재산(권)이 없는, 원시공동사회를 동경하며 "자연으로 돌아가라"고 주장하였다.

　　이러한 불평등에 대한 사상가들의 도전은 크게 두 방향으로 전개되었다. 하나는 자본주의체제 내에서 해결책을 찾는 것이었고, 다른 하나는 자본주의체제를 공격의 대상으로 삼은 것이었다.

　　전자의 경우는 J. S. Mill의 영향을 받은 사회주의 세력들이었다. 이들이 노동자들을 규합하여 부르주아지/자본가에 대항하기 시작함으로써 노동조합 운동이 본격적으로 막이 오르고 노동자 계급은 비로소 친노동의 지식계층을 우군을 거느린 채 분배투쟁에 나서게 된다. 부르주아지 계급이 정치적 지배계층과 함께 부를 사수하려 안간힘을 쓰지만 결국 노동조합이 합법화(영국, 1871년)된다. 그동안 산발적·비조직적으로 투쟁하던 노동자는 드디어 노동조합을 결성하여 분배투쟁에 나선다. 한 걸음 더 나아가 노동자들은 정치적으로 세력을 확대하면서 자신들의 이익을 대변하는 친노동의 정당을 출범시킨다. 영국의 노동당(1900년)을 필두로 독일의 사회민주당, 스웨덴의 사회민주노동당 등이 등장하고 결국 집권세력으로까지 성장한다. 이와 같이 친노동의 정당들이 출범함으로써 서구사회는 노동 있는(노동자가 주도적으로 참여하는) 민주주의를 통해 분배정의를 관철해 나간다. 영국의 경우를 보면, 노동자들은 노동당을 등에 업고 복지 자본주의(Welfare Capitalism)를 실현하며 "요람에서 무덤까지"라는 복지국가(Welfare State)를 이끌어낸다.

　　후자를 대표하는 사상가는 루소의 후예인 K. Marx였다. 분배투쟁은 자본주의체제의 타도를 외친 그를 통해 극적인 전환을 맞이한다.

그는 "모든 부의 원천은 종국적으로 노동"이라 주장하면서 자본과 노동간의 관계는 자본가에 의한 노동자의 착취로 규정하고 자본가들의 수탈을 종식시키기 위한 노동자 혁명을 선동한다. 마침내 (구)소련, 동유럽, 그리고 중국 등의 국가에선 그 착취를 가능하게 만드는 자본(생산수단)의 사적 소유를 종식시키고 사유재산제도를 철폐하는 공산주의 혁명이 성공한다. 절대권력을 가진 정부를 배경으로 노동이 비로소 자본과의 투쟁에서 완승을 거두게 된 것이다. 절대적 계산 능력을 가진 공산주의사회의 정부가 중앙계획경제로 시장을 대신한 가운데 노동자는 정부가 정해준 곳에 노동력을 제공하는 대가로 공정하게 분배된 자신의 몫을 챙긴다. 이로써 자본의 착취도 없고 노동자 모두가 더 이상 공정하거나 평등할 수 없는 이상적인 형태의 경제민주화가 실현된다.

그러나 노동자 모두가 골고루 잘산다는 Marx의 세상은 단지 이상향에 불과한 허구임이 만천하에 드러난다. 절대권력은 전능하기는커녕 시장을 대신하기엔 턱없이 무능하고 부패했으며, 노동자 모두가 고루 잘사는 분배정의는커녕 모든 노동자들을 기아와 가난으로 몰리게 된다. 소련에선 알코올 중독자가 부지기수로 늘고, 중국은 문화혁명기간에 수천만 명이 굶어 죽고, 북한은 고난의 행군 기간에 수백만 명이 굶어 죽는다. 시장실패를 교정하겠다며 나선 국가개입은 절대적으로 부패하며 실패하고, 결국은 경제마저 절대적으로 망가뜨리는 비극적 상황이 연출된 것이다. 이래서 소련과 동구의 공산주의체제는 결국 70여 년 만에 몰락하고 그들이 타도의 대상으로 삼았던 자본주의체제로 돌아온다. 공산주의국가 중국이 살아남은 것도 이들보다 조금 일찍 인센티브의 세상인 자본주의 시장경제로 거듭난 덕분이었다.

Marx의 도전은 비록 실패로 끝났지만, 불평등한 자본주의사회에

서 "모두가 골고루 잘살 수 있다"는 꿈같은 세상에 대한 미련을 떨쳐
내기란 쉽지 않은 일이다. 때문에 비록 평등한 세상은 아니더라도, 적
어도 불평등을 시정하기 위한 정부개입은 불가피하다는 인식은 널리
퍼지게 된다. 오늘날 '노동 없는'8 자본주의사회의 정치세력들이 유권
자의 표를 계산하며 사회주의의 전유물이었던 경제민주화를 만지작거
리는 것도 모두 이런 미련과 인식 때문이다. 공정하고 평등한 분배를
실현하기 위한 경제민주화는 자본주의사회가 지속되는 한 미완의 과제
로 남을 수밖에 없다. 우리나라의 경우도 분배문제는 정치적 민주화와
궤적을 같이 하고 있다는 점에서 서구사회와 비슷한 길을 걸어왔다고
할 수 있다.

8 노동 있는 민주주의와 구분하기 위해 사용한 용어

영혼 없는 관료들

1. 민주화 세력의 정부주도

김영삼 정부는 '한국병'을 치유하여 선진 경제권에 진입한다는 '신경제' 건설계획을 추진한다.1 국민의 참여와 창의를 원동력으로 신한국을 건설하겠다는 야심찬 계획이었다. 그의 정부를 문민정부라 칭한 것은 과거 군인들이 정권을 장악했던 권위주의체제와의 차별화하기 위한 것이지만, 그 이면은 민간주도로 신경제를 건설하겠다는 의지가 담긴 것이기도 했다. 그러나 문민정부는 그 의지나 계획과는 달리 정부주도의 망령에 사로잡혀 시장친화적인 길로 나아가지 않고 오히려 정부주도로 일관했다. 즉, 제5공화국 정부, 노태우 정부 때부터 이어져 내려온 친노동, 반시장의 경제민주화 체제를 그대로 답습한 것이다.

---

1 1970년대 과도한 복지와 임금인상으로 침체에 빠졌던 영국경제의 '영국병'에 빗낸 표현이다.

민주화 세력의 구심점이었던 김 대통령에게 그 경제민주화는 비켜갈 수 없는 선택이나 마찬가지였다. 정서적으로 같은 배를 타고 있다고 생각한 노동을 편들 수밖에 없었으므로 당연히 노동현장에 법치를 강제하지 않았다. 친노동의 정책기조가 총체적 난국의 주범이라고 앞서 이미 지적하였다. 문민정부 들어서도 노동비용은 지속적으로 상승하여, 집권 초 50.9%에 이르던 노동소득분배율이 1996년 54.5%로 치솟으며 역대 최고수준을 기록했다. 저임금 구조에 의존하던 한국경제가 절대 온전할 리 없었다. 재벌규제 역시 김 대통령의 통치철학이나 개혁의지를 반영한 것이라 할 수 있다. 그에겐 재벌 중심의 한국경제는 권위주의체제의 비호로 성장한 반민주의 존재로 비춰진 지 오래였다. 박정희 대통령을 '역사의 죄인'으로 규정하며 '가진 자들이 고통받는 사회를 만들겠다'고 공언한 그의 발언에서도 재벌규제는 이미 예고돼 있었다. 또 현대그룹 정주영 회장의 대통령 선거 출마를 계기로 시장권력이 정치권력을 넘보는 것을 용인하지 않겠다는 차원에서도 재벌규제는 피할 수 없었다.

그러나 설혹 정치권력의 개혁의지가 없었더라도 재벌규제는 궤도를 따라 달리는 열차처럼 질주할 수밖에 없었다. 재벌규제는 정부주도의 망령에 사로잡힌 관료들의 일상화된 업무로 변한 지는 이미 오래전의 일이었기 때문이다. 관료들은 그들의 선배들이 늘 그랬던 것처럼 문민정부에서도 주도적으로 황금거위를 보살피고 관리하려 들었다. 중소기업과 농민을 위한 무차별적·획일적 지원정책을 지속하는 가운데 문민정부는 이번에는 업종전문화시책을 통해 제조업의 경쟁력을 강화하겠다고 나선다. 재벌의 경쟁력이 약화된 것은 사업다각화, 즉 사업영역을 확대하느라 투자를 집중시키지 못한 때문이라는 판단에 따라 재벌별로 주력 업종을 선정하여 그 업종에 대해서는 여신규제를 완화해줌으로써 경쟁력을 강화하려 하였다.

문민정부가 제조업 경쟁력 강화를 위해 추진한 그 다음의 대책은 자본시장의 개방이었다. 제조업이 해외에서 저리의 자본을 조달하여 설비투자를 늘리고 이를 통해 경쟁력을 강화한다면서 자본자유화를 추진한 것이다.[2] 그러나 사실은 자본시장 개방을 추진한 보다 더 근본적 이유는 1996년으로 예정되었던 경제협력개발기구(OECD) 가입 때문이었다. 정부는 가입 의무사항 중 하나인 '경상, 무역외거래의 자유화와 자본이동의 자유화'를 충족하기 위해 자본자유화를 서둘렀던 것이다.

그러면 정부의 이러한 경쟁력 강화대책은 성과가 있었을까? 이 책을 읽은 독자라면 이미 '아니다'라고 고개를 가로저었을 것이다. 정부의 지원(즉, 정부의 입장에서 본 여신규제완화)이 기업의 경쟁력을 강화할 수 있다면, 이 세상에 자국기업의 경쟁력 약화로 고민하는 정부는 없을 것이다. 무엇보다도 경쟁력 약화에 대한 진단이 잘못되었으니 처방인들 옳았을 리가 없다. 경쟁력 약화의 원죄는 친노동의 분배정의였는데, 기업이 원하지 않는 업종전문화시책을 들이밀었으니 성과가 나기가 어려웠다.

물론 정치관료들의 논리도 문제가 있었다. 그들의 논리는 규모의 경제를 실현하기 위한 업종전문화시책은 효율적인 반면 사업다각화는 비효율적이라는 것이었다. 그러나 기업의 관점에서 보면 사업다각화가 오히려 효율적인 것이었다. 왜냐하면 기업의 유인체계는 사업위험을 분산하고 그룹사간의 합종연횡을 통해 시너지를 높이며 사업의 포트폴리오를 다양화하는 등 범위의 경제를 실현하는 사업다각화 쪽으로 작동해왔기 때문이다. 이런 점에서 업종전문화시책은 관료들이 많은 공을 들인 것인 분명하지만 시장친화적인 것은 아니었다.

---

2 업종전문화시책의 현황, 평가 및 향후 금융지원정책의 방향. 조세연구원, 1996년.

2. 명분에 갇혀 저공비행한 원화환율[3]

　문민정부 관주도의 경제는 상상 밖의 결과를 향해 줄달음치고 있었다. 일련의 자본자유화 조치로 개방의 폭이 확대되자 기업들의 해외차입이 급증하기 시작했고, 이에 부응하여 국내금융권의 해외차입활동도 대폭 늘어났다. 기업 및 금융기관들이 이처럼 앞 다투어 해외차입에 열중하자 우리나라의 외채가 눈덩이처럼 불어났다. 1994년 898억 달러 수준이던 외채잔액이 1996년 1,574억 달러로 약 1.8배 수준으로 폭증한다. 그 중에서도 만기 1년 미만의 외채의 비중은 48%(1996년)였다. 영혼이 없는 관료들은 장기외채만 외채로 간주한 나머지 언제든 빠져나갈 수 있는 단기외채엔 아예 눈길조차 돌리지 않았다.

　설상가상으로 경쟁력 약화가 지속됨에 따라 경상수지 적자는 쌓여가고 있었다. 수출이 둔화되고 수입이 증가하면서 1996년의 경상수지 적자는 230억 달러로 총 수출 1,250억 달러의 18.4%에 달할 정도로 엄청나게 불어나고 있었다. 이런 경우 통상적으로 원화의 가치가 절하되지만, 물밀 듯 밀려드는 자본수지 흑자(즉, 외채)가 경상수지 적자를 메우면서 원화의 가치는 803원/달러(1994)에서 771원(1995)으로 오히려 상승하는 비정상적인 현상이 벌어졌고, 이로 인해 경상수지 적자는 계속 누적되어 갔다. 적자의 악순환이 지속되고 있었지만 정부는 OECD 가입의 명분에 갇혀 애써 이를 외면하였다. 원화의 값이 떨어져 OECD가입 조건인 국민소득 1만달러를 맞추지 못해 가입일정에 차질이 빚어질지도 모르는 상황을 우려해 원화의 고평가를 정책적으로 용인한 것이다.

---

3 제2장, 제3장의 일부 내용은 '이야기 한국경제(좌승희·김창근, 2010)'를 다시 풀어 쓴 것이다.

OECD가입은 아시아에서는 일본에 이어 2번째라는 정치적 수사와 함께 "우리도 선진국 관문을 통과한다"며 국민들에게 장밋빛 환상을 심어주었다. 이는 일종의 정치행사이자 populism이었고, 따라서 명분상 쉽게 물러나기 어려운 사안이었다. 정치적 명분에 사로잡혀 원화환율이 저공비행을 지속하는 사이 한국경제는 빚을 내 투자하고 소비하는 비정상의 상황을 이어간다. 값이 싸진 달러는 우리의 기업과 금융기관들의 달러 소비에 열중하도록 만들었다. 1996년 7월부터 여신규제에서 해방된 11~30대 재벌을 필두로 우르르 해외로 몰려가 달러를 쓸어 담았다. 기업뿐만 아니라 선진국 환상에 젖은 국민들도 상대적으로 값싸진 달러를 펑펑 써 댔다. 허울 좋은 개방의 명분에 갇혀 한국경제는 경쟁력을 강화하기는커녕 오히려 빚의 모래성만 쌓는 결과를 초래한다. 가뜩이나 허약했던 체질의 황금거위는 외채(빚)를 잔뜩 삼킨 비만체질의 거위로 변해간 것이다.

모래성이 무너져 내리는 것은 단지 시간상의 문제였다. 가격경쟁력 상실로 비실대왔던 한국경제가 1996년 3월을 정점으로 내리막길을 걷기 시작한다. 한때 한국경제에 축복을 내려주었던 엔화마저 다시 약세로 돌아섬에 따라 수출도 그만 주저앉는다. 불황의 그림자가 한국경제를 엄습하는 가운데 빚을 잔뜩 짊어진 쌍용, 한보, 삼미 등 황금거위의 부도설이 시장을 강타한다. 뒤이은 1996년 말 빚더미에 올라앉은 환국경제에 대한 외국인들의 경고가 시작된다. 미국의 부즈앨런 보고서는 "한강의 기적은 끝났다"고 단언한다. 총체적 난국상황의 '고비용-저효율'의 한국경제는 가격경쟁력에서 중국에 밀리고 기술에서는 일본에 밀리는 이른바 "nutcracker 속의 호두 신세"로 전락했다고 평가됐다. 1997년 초 OECD는 올해 한국경제가 가혹한 시련을 맞을 것이라고 전망함으로써 한국경제에 대한 해외의 싸늘한 시선은 이어졌다.

1997년 초반부터 그 모래성은 서서히 무너져 내리기 시작한다. 무려 5조원의 빚을 진 한보그룹이 대마불사의 신화를 깨뜨리며 부도 처리된 이후, 삼미, 진로, 대농 등 빚을 잔뜩 짊어진 비만체질의 황금 거위가 하나 둘씩 합병증으로 쓰러진다. 급기야 자산 규모로 재계 서열 8위인 기아그룹이 부도를 맞는다. 실물경제가 망가지기 시작하자 금융시장, 증권시장, 외환시장도 모두 패닉상태에 빠지며 한국경제가 사상초유의 위기국면으로 치닫는다.

이윽고 페레그린 증권사가 "한국을 즉시 탈출하라"는 속보를 전 세계에 타전하자, 그동안 우리가 빚을 내 흥청망청 써버린 달러가 부메랑으로 되돌아온다. 달러를 빌려준 외국인들이 앞 다투어 상환을 요구하고 나선 것이다. 단기외채였으니 상환요청이 들어오면 돌려주지 않을 수 없었다. 그런 요청에 앞장 선 것은 "햇볕 쨍쨍할 때 우산 빌려주고 비올 때 빼앗아간" 일본계 금융기관이었다. 이들의 한국탈출이 나비효과를 일으키면서 잠시 한국에 둥지를 틀었던 외국계 단기자본이 날아가듯 한국을 탈출하는 가운데 한국경제는 치명타를 입는다. 빚으로 모래성을 쌓았던 한국경제가 그렇게 순식간에 와르르 무너져 내린 것이다.

외환보유고를 동원해 달러 탈출을 막으려고도 했다. 그러나 그러기에는 우리가 가진 외환보유고는 너무나 작고 모자랐다. 결국 부족한 달러를 메우기 위해 IMF에 구제금융을 신청했고, 1997년 12월 3일 우리는 그 급전을 받는 대가로 경제주권을 사실상 IMF에 넘겨주어야 했다. 영국도 '영국병'을 앓다 IMF에 기댄 것처럼 우리나라도 '한국병'을 앓다 IMF의 구제금융을 받으며 외환위기에 빠졌다. 세계 최빈국에서 그 당시 세계 11위의 경제대국으로 부상한 주식회사 한국호는

OECD에 가입한지 채 1년도 지나지 않아 선진국에 대한 장밋빛 환상을 깨뜨리며 무참하게 침몰하고 만다.

3. 거시경제운용상의 실책: 영혼 없는 관료

　　외환위기에 대해선 수많은 보고서, 단행본 논문들이 있다. 대체적으로 보면 외환위기는 한국경제의 구조적 문제 때문이라는 데에 의견접근이 이뤄진 상태다. 국회의 'IMF 환란 원인 규명과 경제 위기 진상 조사를 위한 국정조사결과보고서', 감사원의 보고서, 재정경제원의 '1997 경제위기의 원인, 대응, 결과' 보고서, 그리고 사법부의 외환위기 책임론에 대한 사법적 판단 등도 이런 범주에 속한다.

　　여기서 말하는 구조적 문제란 개발연대 이후 누적되어온 재벌, 금융권, 노동, 정부 등 각 경제 부문에 산적해 있는 제반 문제들을 일컫는다. 구체적으로 보면 첫째, 재벌의 구조적 문제로는 차입에 의존한 확장 및 투자, 외형위주의 차입경영, 재벌간 비효율적인 중복 과잉투자, 선단식 황제경영, 상호지급보증, 문어발식 확장, 과다한 부채비율, 대마불사의 신화 팽배 등이 지적되고 있다. 둘째, 금융권의 구조적 문제로는 관치금융, 금융기관의 책임경영체제 부재, 담보위주의 안이한 대출관행, 재벌 대기업으로 편중 대출, 단기로 차입하여 장기로 운용(대출)한 만기구조불일치에 따른 유동성 위험 등의 문제가 거론된다. 셋째, 정부 부문의 구조적 문제로는 규제남발, 정경유착, 정부개입에 따른 자원배분, 시장원리에 역행하는 산업정책 및 금융정책, 세계화, 개방화, 정보화 추세에 따른 금융, 외환, 외채에 대한 금융감독 및 금융감독체계 허술, 외환보유고의 부실관리, 외채의 관리감독 소홀,

종금사등 제2금융권에 대한 금융감독 미흡, 무리한 자본시장 개방 등을 들고 있다. 마지막으로 노동부문의 구조적 문제로는 1980년대 후반부터 시작된 산업현장의 불법 방치, 노동시장의 유연성 부족, 호전적인 대기업 노조, 껄끄러운 노사관계, 분배지향적인 정책기조 등이 거론됐다.

대부분의 연구 및 보고서는 수십 혹은 수백 페이지에 걸쳐 한국 경제의 구조적 문제란 것은 죄다 나열하고 있다. 정부나 관변단체의 보고서 스타일은 – 특히, 정부가 책임이 있을 경우 – 원래 꼭 집어서 말하기보다는 두루뭉술하게 넘어가는 것이 보통이어서 외환위기에 대한 명쾌한 답을 제공하지 못하고 있다. 워낙 많은 위기의 원인들이 거론되고 있고 또 인과관계로 얽혀 있는 문제들이 많아 어느 문제가 진짜 외환위기의 결정적인 단초가 되었는지 종잡을 수가 없다.

그렇다면 외환위기가 발생한 진짜 이유는 뭘까? 외환위기는 문자 그대로 경제학계에서 대부분 인정하고 있는 것처럼 외환(본 장에서는, '달러'라고도 칭한다)의 부족에서 촉발된 위기다. 당시만 하더라도 외환 집중관리제에 의거, 외환은 모두 정부/한국은행이 실질적으로 보유하며 관리하였다. 달러 부족은 이를 보유 관리하는 정부/한국은행에 1차적인 책임이 있고, 따라서 외환위기의 직접적 원인은 달러 부족상황을 초래한 정부의 거시경제운용상의 실책이다. 당시 한국의 위기사태 해결에 깊숙이 관여한 로렌스 서머스(Lawrence Summers) 미국 전 재무부 부(副)장관도 조선일보(2007. 5. 18) 워싱턴 특파원과의 인터뷰에서 이런 견해를 피력한 바 있다.

그 실책을 구체적으로 보면, 첫 번째는 OECD가입이라는 정치행사를 위해 용인되었던 문민정부의 저환율(원화 가치의 고평가) 정책이다. 두 번째는 정부의 부실한 외채관리 시스템이다. 자본자유화로 달러가 물밀 듯 밀려오고 한국경제가 빚의 모래성을 쌓고 있었는데도 정부는 이에 대한 통계조차 챙기지 않았다. 특히, 언제든 한국을 탈출할 수 있는 단기외채에 대한 관리가 전무했다. 놀랄 일이지만 정부는 외환위기 수습과정에서 외채의 통계를 파악했을 정도로 엉망이었다. 세 번째는 정부가 외환보유고를 전용하였다는 사실이다. 외환보유고는 대외지불을 위한 최후의 보루이므로 언제든지 현금화할 수 있는 자산으로 관리되어야만 한다. 그러나 위기 당시 정부가 외환보유고를 국내금융기관에 대출하였다. 그런데 막상 외환위기가 닥치자 그 대출금을 회수하는 것은 현실적으로 불가능한 일이 되고 말았다. 외환보유고를 전용한 이 사실을 놓고 미국의 연방준비제도이사회(FRB) 전 의장인 그린스펀(Allan Greenspan)은 자신의 회고록 "격동의 시대: 새로운 세계에서의 도전"에서 "한국정부가 '돈놀이' 하다 IMF 사태를 초래했다"고 지적한 바 있다. 이 밖에도 정부 당국의 외채, 외환, 금융 등의 관리 감독 시스템의 부재 내지 부실도 화근이 되었다.

거시경제운용상의 실책은 결국 국가의 관점에서 시장(특히, 외환시장)을 끌고 가면서도 이를 관리감독조차 제대로 하지 않았던 관주도 경제의 실책이다. 행정편의주의로 흘러간 관주도의 경제가 평생을 정치로 일관한 '정치 대통령' 앞에서 정치의 무게를 이기지 못한 채 속절없이 정치에 끌려 다닌 결과이기도 하다. 그의 집권 기간 동안 거쳐 간 7명의 부총리와 6명의 경제수석 등 영혼 없는 정치관료들 그 어느 누구도 자신들이 실책을 저지르고 있다는 것을 감지하지 못했으니 외환위기는 예견된 일이나 다름없었다.

정부의 실책이 이처럼 외환위기의 직접적인 도화선이 되었음에도 불구하고, 결과적으로 재벌은 위기의 주범으로 몰리고 말았다. 재벌은 한국경제의 상징이고 재벌의 국민경제적 비중이 아주 커서 재벌

Laissez - faire

의 연쇄부도가 외환위기를 초래한 것처럼 보일 수도 있다. 또 단순히 외환위기가 발생하는 과정을 시간적 순차적으로 따라가다 보면 재벌의 부도가 외환위기로 이어진 것이라 착각할 수도 있다.

그러면 그렇게 많은 재벌이 한꺼번에 부도를 내며 망했을까? 재벌도 기업이고, 기업이 망하는 이유는 딱 한 가지 돈을 못 벌어서이다. 돈을 못 버니 빚을 낼 수밖에 없고, 게다가 돈을 꿔준 사람들이 모두 갚으라고 하니 당연히 망할 수밖에 없다. 어느 경우든 자기 돈으로 사업하면 사업이 잘 안 되도 상당기간 버틸 수 있지만 빌려서 사업하는 경우는 버틸 재간이 없다. 재벌이 망한 것은 재벌 자체의 문제지만, 한 두 재벌이 망했다면 몰라도 30대 재벌 중 절반 이상의 재벌이 한꺼번에 망했다는 사실은 재벌 자체의 문제만은 아니라는 것을 시사한다.

도대체 재벌이 왜 돈을 벌지 못하고 망한 것일까? 커다란 덩치의 재벌이 부도나는 것은 일순간이지만 거기에 이르기까지는 많은 시간이 걸렸을 게 분명하다. 따라서 점점이 이어지는 연속선상에서 이를 들여다봐야 한다. 지난 1980년 이래 한국경제를 이끌어 온 것은 정부/국가였다. 관주도의 망령에 사로잡혀, 재벌은 단지 덩치가 크다는 이유로, 즉 30대 재벌에 속했다는 이유로 집중적으로 규제하여 왔다. 은행 돈도 투자도 심지어 부동산(공장용지) 투자도 모두 정부의 규제를 받아야 했고, 심지어 수도권에는 공장도 마음대로 지을 수 없었다. 영혼 없는 관료들은 이를 경제선진화라 하였지만 기업의 관점에서 보면 기업의 경쟁력을 갈아먹은 강력한 규제일 뿐이었다.

이처럼 시장친화적인 길을 외면한 채 강력한 규제와 친노동의 정책기조를 지속하자, 저임금 구조에 의존했던 우리의 기업들은 점차적으로 경쟁력을 잃으면서 한국경제는 총체적 난국 상황에 이르렀다.

이것이 바로 '한국병'의 본질이었다. 그러나 설상가상으로 '한국병'을 치유하기 위한 문민정부의 개혁과 개방조치도 거시경제운용상의 실책을 몰고 온 관주도의 경제민주화였다. 이런 점에서, 비만체질의 황금거위가 그때 그렇게 한꺼번에 많이 쓰러진 것은 시장의 유인체계를 거스른 지난 시절의 경제민주화에 대한 대가를 한꺼번에 치르는 운명 같은 사건이었다. 다시 말해, 외환위기는 영혼 없는 정치관료들이 이끌고 간 관주도의 체제가 연출한 한편의 비극적 경제사건이었다.

Chapter
6

황금거위를 조각내는 민주적 시장질서[1]

1. 황금거위를 조각내는 민주적 시장질서

　　재벌이 외환위기의 주범이라며 마녀사냥이 시작됐다. 재벌이 줄줄이 쓰러져가는 현실 앞에서 살아남은 재벌들도 몸을 낮추었다. 위기가 한창 기세를 떨치던 1998년 1월 (고)최종현 당시 전경련 회장은 (고)김대중 대통령 당선자와의 회동에서 '기업인이 죄인 중의 죄인입니다'라고 말했다. 반재벌의 정서가 비등하는 가운데 나라를 살리겠다며 장롱 속 깊이 넣어둔 금붙이를 내놓기 위해 기다란 줄을 서는 참담한 현실 앞에서 재벌은 결국 마녀가 되는 수밖에 없었다. 결국 재벌의 무분별한 사업다각화가 IMF 사태를 초래한 근본원인이라는 진단이 내려진 가운데 위기의 책임을 뒤집어쓴 재벌이 개혁의 도마 위에 오른다.

　　개혁의 칼자루를 움켜쥔 것은 관주도의 DJ(DJnomics)노믹스였다.

---

1 문장의 1,2,3의 내용은 이야기 한국경제(좌승희·김창근, 2010)에 서술되어 있는 것이다.

139

_aissez - faire

그 기본철학은 '민주적 시장질서' 즉, '민주주의와 시장경제의 병행발전'으로 시장경제에 민주주의적 원리 또는 원칙을 도입하는 경제민주화로 어느 경제주체도 시장지배력을 행사할 수 없는 평등한 경제질서를 의미했다.[2] DJ노믹스의 눈으로 보면, 재벌은 황제경영, 선단식 경영, 그리고 문어발식 확장을 일삼으며 국민경제를 사실상으로 좌지우지하는 괴물 같은 존재이자 청산해야 할 권위주의체제 관치경제의 유산이었다. 재벌이 마녀가 되어 몸을 낮춘 이때가 지난 10여 년 이상 동안 지속된 재벌개혁에 방점을 찍을 수 있는 절호의 찬스였다. 게다가 급전(구제금융)을 빌려준 IMF도 정작 위기의 장본인인 정부의 등을 떠밀며 재벌개혁을 재촉하고 있었다.

    DJ노믹스는 재벌을 향해 거침없는 개혁의 칼날을 휘둘렀다. 십여 개의 황금거위가 왜 한꺼번에 쓰려졌는지도 되돌아보지도 않았다. 그간의 정부들이 못다한 한이라도 풀 듯 재벌개혁은 속도에 강도를 더하며 그야말로 일사천리로 진행되었고, 결과적으로 30대 재벌 중 16개 재벌이 간판을 내리고 말았다. 위기진단이 잘못되었으니 재벌개혁은 옳은 처방일 수가 없었다. 그렇지만 황금거위를 조각내는 게 꿈이었던 DJ노믹스에게는 그건 문제가 될 수 없었다.

    당연히, 살아남은 재벌도 DJ노믹스의 경제철학을 비켜갈 수 없었다. 1998년 1월 13일 김대중 대통령 당선자와 5대 재벌기업(삼성, 대우, 현대, LG, 선경) 총수는 기업구조개혁 5대 기본원칙에 대해 합의했다. 그 5대 원칙은 ◇경영투명성제고 ◇상호채무보증해소 ◇재무구조개선 ◇업종전문화 ◇책임경영강화 등이다. 그리고 뒤이어 1999년 8월 15일 광복절 기념 축사를 통해 김 대통령은 또다시 재벌개혁 방안을

---

2 '민주적 시장질서'는 이는 그의 경제관을 상징하는 선언적 표현으로 이에 대한 구체적인 정책방향이 제시된 적은 없다.

내놓았다. '이제는 시장이 재벌구조를 받아들이지 않는 시대'라고 말하고, '산업자본의 금융지배를 막아야 재벌개혁을 성공시킬 수 있다'고 주장하며 ◇제2금융권 경영지배구조 개선 ◇순환출자 및 부당내부거래 억제 ◇변칙상속 차단 등 새로운 3원칙을 추가했다. 이렇게 해서 탄생한 5+3 원칙은 이른바 재벌개혁의 바이블로서 재벌을 옭아매기 시작했다.

5+3원칙은 직접적인 재벌 규제정책에 시장규율 규제가 덧붙여진 '재벌정책의 완결판'과 같은 규제였다. 즉, 기존의 규제에 선진국형의 시장감시규제를 추가하여 재벌 대기업을 '이중의 규제'로 옭아맨 강도 높은 규제였다. IMF를 등에 업은 채 평상시 같았으면 통하지도 않았을 고강도 개혁을 추진함으로써 야당과 일부 언론으로부터 '재벌 해체 정책'이라는 비난을 받은 데 이어 심지어 "자본주의 근간을 흔든다"는 해묵은 색깔 논쟁까지 불러올 정도였다.

2. 과잉충성

IMF와 맺은 양해각서 그 어디에도 강제되지 않은 16개 재벌의 해체를 비롯하여 IMF가 요구한 것 이상으로 재벌을 개혁하였다는 점에서 재벌개혁은 IMF에 대한 과잉충성 양상으로 전개됐다. 무소불위의 정치권력 앞에 재벌이 몸을 납작 엎드렸으니 그게 과잉충성이라고 생각하지 않았을 것이다. 재계 순위 3위의 대우도 해체의 길을 걷는 판국에 재벌개혁에 시비를 거는 용기 있는 재벌이 있을 리가 없었다. 생사여탈권을 거머쥔 정권의 눈 밖에 났다가는 수십 년간 쌓은 공든 탑이 일순간에 와르르 무너질 수 있다는 것을 직감한 재벌들이 그저 지금의 태풍이 지나가기만을 기다릴 뿐이었다.

　　과잉충성의 상징적 정책은 기업경영의 투명성을 확보하기 위해 도입된 제도적 장치다. 투명성의 확보는 서방 채권국가들(금융자본)의 입장에서 보면 유망한 한국시장을 놓치지 않기 위해서는 절대적으로 필요한 장치였다. 외환위기를 통해 11대 경제대국 한국의 기업경영이 불투명하다는 것이 적나라하게 드러났고 자칫 잘못하면 투자한 돈을 떼일 수 있음을 알았다. 따라서 그들은 한국의 기업이 투명해지도록 개혁하는 것이야말로 자신들이 투자한 돈을 지키기 위해 반드시 필요한 조치라고 생각하였고, 따라서 IMF를 통해 이를 관철시키기에 이른다.

　　투명성 확보를 위해 적용된 패러다임은 '글로벌 스탠다드(global standard)', 또는 '아메리칸 스탠더드(American standard)'이다. 재벌기업의 지배구조를 개선하고 투명성을 높여 주주이익의 극대화를 추구한다는 명분의, 쉽게 말하면 한국기업의 경영방식을 미국식으로 뜯어고친다는 패러다임이다. 이를 위해 금융, 기업 등의 재무제표를 국제적인 관행이나 일반적으로 인정된 국제회계원칙(즉, '글로벌 스탠다드')에 맞춰 투명하게 작성하는 제도를 도입하는 한편, 대기업의 구조조정본부 해체, 200% 부채비율 규제, 대기업 계열사간 상호지급보증 완전 해소, 사외이사제도의 도입, 대기업 및 대주주에 대한 차별적 규제 등 획일적인 여러 시장감시규제가 도입 실시된다. 이 패러다임에는 당시의 한국 실정과는 어울리지 않는 것들도 많았고, 더구나 국민소득 1만달러의 국가에 국민소득 4만달러의 선진국(미국)의 기준과 제도를 적용하는 것은 무리였다. 그러나 DJ노믹스를 추종하는 관료들, 정치세력, 그리고 학자들은 서방의 거대금융자본이 자신들의 잇속을 챙기기 위해 내놓은 '뱀의 충고'를 '엄한 애정'으로 받아들이며 이를 관철시키는 데만 열중했다.

(전)금감위원장이 재벌개혁을 '위장된 축복'으로 미화한 것만큼이나 주식회사 한국의 빚잔치는 성대했다. 그 빚잔치로 인해 한국시장은 일확천금을 챙길 수 있는 노다지로 변했다. 특히, 외국인들한테 더욱 그랬다. 서방의 거대금융자본과 외국인들이 한국의 재벌 및 금융권을 향해 구름처럼 다시 몰려들기 시작한다. 허울뿐인 외자(혹은, 외국인) 지상주의로 외국인들을 쌍수로 환영하였으니 이들의 러시(Rush)가 줄을 잇는 건 당연한 일이었다. 돈 냄새를 맡는 데 귀신인 이들은 "한국경제는 펀더멘탈이 취약한 nut cracker 속의 호두가 아니다"라는 것을 진작부터 직감하고 있었다. 세계 11대 산업기반을 가진 경제대국 한국이 정부의 실책에 따른 외화유동성 부족으로 잠시 고전할 뿐이라는 사실을 이들은 일찌감치 파악하였던 것이다. 그렇지 않았더라면 IMF가 자본시장개방으로 고전하고 있는 한국에 더욱 개방하라고 하는 이율배반적인 처방을 내지지 않았을 것이다.

서방 금융자본의 예상대로 빚잔치에는 수많은 기업, 채권, 그리고 금융기관들이 바겐세일(bargain sale)로 쏟아져 나왔다. 이들은 비싸진 달러를 무기로 주식회사 대한민국의 상장회사 지분을 15%(1996년, 시가총액 지분율 기준)에서 한때 45%(2004년)까지 끌어올리는 왕성한 식욕을 과시했다. 이와 함께 직접투자도 봇물을 이루어 외환위기 이후부터 2004년까지 무려 800억 달러가 몰려들었다. 위기 이전까지의 직접투자 누계 금액이 200억 달러 남짓하였으니 그들이 바겐세일을 어느 정도로 즐겼는지 알 수 있다. 지금도 여전히 그렇지만 서방의 거대금융자본은 주식회사 한국의 큰손으로 부상하며 자본시장을 쥐락펴락한다. 2014년 7월 4일 현재 외국인 지분은 33.96%(한국거래소)로 세계시장을 통틀어 외국인이 많기론 한국이 3번째일 정도로 대한민국의 자본시장은 외국인 천지로 변했다.

　과잉충성은 우리가 공들여 가꾼 소중한 자산을 헐값에 졸속 매각하는 실수도 유발했다. 외자를 유치하고 선진금융기법을 배운다면서 실체도 모호한 '뉴 브리지'에 제일은행의 지분 51%를 겨우 단돈 5,000억 원에 매각하였다. 어리석게도 매각조건에 관대한 put option을 따라 붙여주었고, 이를 이행하느라 정부가 제일은행에 실제로 쏟아 부은 세금은 그 35.4배인 무려 17조 7천억원이나 되었다. IMF 사태 총 구제금융의 1%도 채 안 되는 규모의 적은 외화를 위해 그런 거래를 했다는 건 무지나 과잉충성 말고는 달리 적절한 표현이 없다. 당시 매각을 주도한 이헌재 전 금감위원장이 '뉴 브리지에 제일은행을 매각한 것을 뼈아픈 교훈으로 삼아야 한다'고 고백하며 과오를 인정했다. 언론들은 '서울은행이나 제일은행 가운데 한 곳은 빠른 시일 내에 매각하라'며 조속 매각을 지시한 김 대통령의 체면을 살리기 위한 측근들의 충성심이 빚어낸 결과라고 지적했지만 졸속 매각에 대한 의문은 여전히 남아 있다.

　DJ노믹스를 추종한 관료들이나 학자들은 대부분 "DJ노믹스는 시장친화적 정책을 전개해 외환위기를 극복하였다"고 주장한다. 이들이 말하는 시장친화적인 정책이란 규제완화를 뜻하는 진정한 의미의 시장친화적 정책이 아니라, 외국인의 신뢰를 얻어 외국인을 한국에 붙잡아두는 데 필요한 외국인, 즉 IMF 친화적 정책이었다. 그러나 전후의 상황을 잘 살펴보면 그것이 없었더라도 외국인들은 한국을 결코 탈출하지 않았을 것이라는 사실을 알 수 있다. 개방으로 위기에 처한 한국에게 "자본시장개방의 폭을 확대하라"고 한 IMF의 요구만 봐도 알 수 있다. 게다가 뻔뻔스러운 '뱀의 충고'는 외국인들이 결코 한국을 떠나지 않는다는 것을 이미 증명한 것이나 다름없다. 휴지조각으로 변할 수 있는 정크본드에도 투자하는 자본의 생리상 11대 산업국가인 한국을 등졌을 리가 결코 없다는 말이다. 위기극복의 동력은 외국인들이 우글거린 한국 자본시장의 힘에서 나온 것이 아니라 황금거위의 산업기반에서 나왔다는 사실은 외국인 친화적인 정책이 아니었더라도 위기를 극복할 수 있었다는 증거다.

3. 불편한 진실

개혁의 여파로 살아남은 재벌의 경영전략에도 변화가 감지되기 시작했다. 재벌들은 동료들이 간판을 내리는 냉혹한 현실을 목격하고 나서부터 외형이나 성장보다는 현금흐름과 수익성을 중시하는 안정적인 경영방식을 택한다. 그간 재벌의 숨통을 죄었던 '고비용－저효율' 경제를 탈피하기 위해 비정규직을 고용하여 노동비용을 줄이는 한편 노동 대신 자본 투입을 늘려, 즉 자본집약적 구조로 탈바꿈하며 기업의 생산성을 끌어 올린다.3 나중의 일이지만 이러한 구조적 변화로 인해 같은 성장률을 기록해도 예전만큼 고용이 늘지 않는, 즉 고용 없는 (실제로는 적은) 성장 현상이 나타난다. 또한 외국인들의 지분율이 높아지고 Global Standard가 유행함에 따라 기업가치(주가)의 상승을 최우선시하는 주주중시의 경영풍토도 자리 잡는다.

내실위주의 경영전략이 성과를 거두면서 재벌 대기업의 수익성이 대폭 호전된다. 경쟁자였던 16개 재벌이 한꺼번에 사라지고 또 원화환율도 계속 고공비행을 하였기 때문이다. 수익성이 호전됨에 따라

---

3 우리나라가 외환위기를 계기로 종전의 노동집약적 산업에서 자본집약적 산업으로 이행하고 있음을 말해주는 것이다.

이들은 그간 아킬레스건이나 다름없었던 빚부터 줄여나간다. 물론
5＋3원칙에 따른 것이기도 하겠지만 1997년 480%에 달하던 부채비율
이 2000년에는 그 절반 수준인 211%로 떨어지고 '부채도 자산'이라는
함정에서 빠져 나오게 된다. 위기에서 살아남은 황금거위는 이렇게
근육질의 튼튼한 체질로 변해간다.

　　그러나 재벌해체에 따른 충격파로 한국경제의 역동성이 떨어지
기 시작한다. 피라미드의 정점이 있는 대기업이 간판을 내리면 그 밑
에 딸려있는 수많은 1차, 2차, 3차 등의 하청업체 및 협력업체도 도미
노처럼 쓰러지는 것이 경제현장이다. 30대 재벌 중 절반이 넘는 16개
재벌이 간판을 내렸으니 그에 딸린 무수한 기업들도 쪼그라들지 않을
수 없었다. 당연히 한국경제의 공급능력이 위축된다. 물론 위기에서
살아남은 재벌들도 예전 같은 공격적 투자를 기피한 것도 공급능력의
위축에 일조를 하였다.

　　산업현장의 공급능력이 위축됨에 따라 당연히 일자리도 줄어든
다. 1999년 초 한때 실업자 수가 180만명에 달할 정도로 고용사정은
악화되며 수요 또한 줄어들었다. 그렇게 공급과 수요가 한꺼번에 위
축되자 한국경제의 성장동력이 잠식되고 경제활력이 크게 떨어진다.
재벌개혁이 시장의 유인체계를 망가뜨린 결과였다. 더구나 재벌을 위
기의 주범으로 몰아 뭇매를 가하며 위기의 책임론을 지나치게 부각함
으로써 반기업적 정서가 확산되고 기업가 정신이 위축된 것도 경제활
력을 둔화시켰다.

　　정부는 성장동력을 확충하고 조각낸 재벌의 빈자리를 메운다며
부랴부랴 벤처기업육성에 나선다.[4] 고만고만한 크기의 수많은 기업을

---

4 벤처육성정책은 새로운 것이 아니라 김영삼 정부에서 큰 그림이 그려진 중소기업육성
　정책을 개조한 것에 불과했다.

육성하기 위한 이 정책은 본질적으로 황금거위를 조각낸 것과 같은 맥락의 정책이다. 그게 바로 DJ노믹스가 꿈꾼 민주적 시장질서를 실현하는 하나의 방법이었다. 그러나 황금거위를 조각내기는 쉬워도 벤처를 키우는 일은 거의 불가능한 일이다. 왜냐하면 (벤처)기업을 키우는 것은 정부가 아니라 기업가 정신이 넘쳐나는 시장이기 때문이다. 만약 정부가 나서 기업을 육성하는 것이 가능하다면 이 세상엔 황금거위로 넘쳐났을 것이다.

한편 노동시장에서도 양극화 문제가 불거지기 시작한다. 위기의 여파로 실업자가 넘쳐나면서 비정규직이 일상화된다. 정부의 노동개혁으로 대기업 정규직 노조가 철밥통을 차자 기업들이 이들의 고용을 기피하는 대신 사내하청이나 파견근로제의 방식으로 해고가 자유로운 비정규직을 선호한다. 정규직 귀족노조원들이 비정규직 노조원에 비해 높은 수준의 임금과 후한 복지를 누리면서 노동계층간에도 빈익빈(비정규직) 부익부(철밥통의 정규직)의 현상이 나타나고 이로 인해 소득의 양극화 현상이 나타난다. 비정규직의 길을 택하지 않은 사람들은 자영업자의 길을 택한다. 그러나 경험부족으로 사업에 실패하여 중산층의 대열에서 이탈하면서 양극화를 더욱 부채질 한다. 게다가 성장추세의 하향 반전으로 인해 양극화의 골은 더욱 깊게 파인다. 가진 재산이 별로 없는 서민, 중산층에겐 임금이 유일한 소득원천인데 성장률의 하향반전으로 일자리가 날아감으로써 이들이 더욱 가난해질 수밖에 없었던 것이다.

위기에 대한 잘못된 진단과 처방으로 한국경제는 성장동력의 잠식과 양극화라는 후유증에 시달리기 시작한다. 이게 바로 DJ노믹스가 한국경제에 남긴 불편한 진실이다. 경제민주화론자들은 오히려 DJ노믹스는 처음의 개혁의지가 퇴색한 용두사미의 개혁이었다고 비판한다. 경제를 살리고 일자를 늘린다는 명분으로 재벌규제를 완화하였다는 것이 그 비판의 요지다. 예를 들면, 출자총액제한을 받는 기준을 자산 5조원 이상의 재벌로 지정하여 대상 재벌의 수가 기준 30개에서 19개 줄고, 금융, 보험 계열사의 의결권 제한을 풀어주었다고 지적한다. 그러나 재벌이 해체되지 않는 한 그런 비난은 지속될 수밖에 없다는 점에서 그건 대수롭지 않은 일이다.

4. 시장의 선택 vs 정부의 선택

그렇다면 한국경제가 정작 필요로 했던 처방은 어떤 것이었을까? 우선 진단부터 바로 했어야 했다. 사업다각화나 재벌 상호간 유사한 사업구조는 무분별한 확장이 아니라 시장경쟁의 한 과정이다. 이 세상 어디에도 망하기 위해 따라하는 기업은 없다. 시장에서는 위험을 택하기보다는 남들이 하는 사업을 따라하는 것이 일반적이다. 그게 돈 버는 안전한 길이기 때문이다. 남들이 하는 사업을 따라해야 경쟁관계가 성립하고 그런 경쟁이 있어야 경제가 성장 발전한다. 따라서 정작 필요했던 처방은 황금거위를 조각내는 정부주도의 과잉충성이 아니라, '고비용 – 저효율'로 비틀대는 황금거위가 다시 경쟁력을 회복할 수 있도록 진정한 의미의 시장친화적인 정책을 전개했어야 했다.

시장친화적 정책이란 언제나 시장이 원하는 것이지 결코 관주도의 DJ노믹스가 아니다. 어느 나라를 막론하고 위기시에는 은행, 가계, 기업 등 모든 경제주체가 만약의 경우를 대비하여 돈을 움켜쥐고 있어 돈이 돌지 않는다. 대부분의 기업들이 유동성 위기로 몰릴 수밖에 없으므로 자금, 즉 유동성 확보가 사활을 좌우한다. 두말할 필요도 없

이, 위기 때 유동성을 공급할 수 있는 주체는 오로지 발권력을 가진
중앙은행과 정부뿐이다. 외환위기 당시 유동성위기에 직면한 기업들
을 구제하기 위한 방안으로 당시 전경련 회장 김우중 대우그룹 회장
이 무역금융의 부활을 요청했다. 그러나 정부는 그것은 대우를 위한
것이라며 거절하고 만다. 무역금융은 특정기업을 위한 것이 아니라
유동성위기에 처한 모든 기업을 위한 것이라는 사실은 누가 봐도 알
수 있는 일이었다. 시장이 원하는 방향으로 가면 재벌이 다시 살아날
수 있다는 것을 DJ노믹스는 이미 알고 있었음이 분명하다. 이는 DJ노
믹스가 원한 것은 시장주도의 해법이 아니라 정부주도의 해법이었음
을 알려주는 증거다.

시장주도의 해법을 찾았어야 했다는 주장은 외환위기 후 불과 2
년여 만에 시장의 힘으로 위기를 극복하였다는 사실이 증명한다. 정
부의 저환율 정책에 발이 묶였던 환율이 시장기능을 회복하자 경제의
fundamental을 반영하여 급격히 상승한다. 당연히 경상수지가 폭발적
으로 증가하며 1998~1999년 2년간 649억 달러에 달하는 경상수지 흑
자를 기록한다. 이 흑자는 정부가 빌린 550억 달러의 구제금융 전액
을 갚고도 남을 만큼 충분한 것이었다. 재벌개혁은 여전히 진행형이
었으므로 재벌개혁이 잘돼서 경상수지 흑자가 쌓였다고 주장하는 것
은 어불성설이다. 환율이 시장가치를 반영함에 따라 황금거위가 급속
히 경쟁력을 회복하였고, 이 때문에 위기를 조기에 극복할 수 있었다.
즉, DJ노믹스가 위기를 극복한 것은 결코 아니다.

DJ노믹스가 시장친화적인 처방을 내렸어야 했다는 판단은 2008
년 세계금융위기가 남긴 교훈에서도 찾을 수 있다. 세계금융위기의
진원지였던 미국은 파산위기에 직면한 많은 금융회사 중 Lehman
Brothers 한 곳만 문 닫았다. 나머지 부실 금융회사를 살리기 위해 중

앙은행(FED)은 발권력을 동원하여 천문학적인 돈을 쏟아 붓고 정부도 막대한 정부의 세금을 투입한 뒤 모든 걸 시장에 맡겼다. 결국 시장의 힘에 의해 월가의 금융회사들은 모두 다시 되살아났고, 지금도 여전히 세계금융시장을 주무르고 있다. 반면에 DJ노믹스는 당시의 일류였던 5대 시중은행 모두를 매각하거나 문 닫아 2류 은행에 통합했다.

미국정부가 495억 달러의 세금을 투입한 GM도 다시 정상을 되찾아 예전의 영광을 재현하고 있다. 그러나 DJ노믹스는 자산가치 110억 달러(대우 추산)의 대우자동차를 달랑 4억 달러를 들고 온 GM에 팔아 치웠다. 게다가 산업은행을 통해 20억 달러에 이르는 자금지원까지 해주었다. 대우해체와 함께 110억 달러도 날아가 버렸고, 세계시장에서 한국GM(전 대우자동차)의 위상이 쪼그라든 만큼 우리의 소중한 국부가 사라지고 일자리도 함께 날아가 버렸다.

두 나라의 위기해법은 극과 극의 선택이었다. 시장주도로 살리는 길을 택한 미국과 정부주도로 재벌과 일류 은행을 조각내는 결정을 내린 한국. 극명한 선택의 차이만큼이나 경제운명도 달랐다. 우리나라를 기축통화국인 미국과 동일 선상에 놓고 비교하는 것은 무리라고 반박하지만 DJ노믹스는 황금거위를 살리는 어려운 길 대신, 누구나 할 수 있는 조각내는 쉬운 길을 택했다. 설사 IMF가 고압적 자세를 유지했다고는 하나 최종 결정은 어디까지나 DJ노믹스의 몫이었다. 나중의 일이지만 다행스럽게도 영혼 없는 관료들도 "외국인들이 챙긴 천문학적인 금액만큼이나 한국경제가 골병들었고, 그리고 우리가 IMF에 당했다"는 것을 깨우쳤다. 2008년 세계금융위기 당시 우리나라의 외환위기 가능성이 다시 제기되자 IMF는 급전을 빌려준다고 제안했지만 정신차린 관료들은 그 유혹에 넘어가지 않았다. 그렇다고 해서 그 이후 정부가 진정한 의미의 시장친화적 정책으로 돌아섰다는 믿음

결코 아니다.

김우중 (전)대우그룹 회장은 최근 발간한 그의 대담 집에서 "대우 그룹은 DJ정권 경제관료에 의해 해체됐다"고 주장했다. 그러자 그 당시 개혁을 주도한 이헌재 강봉균 등은 "대우는 시장에서 병사했다"는 예전의 주장을 되풀이 했다. 그러나 어느 누구의 주장이 맞는지는 이미 DJ노믹스에 그 답이 나와 있으므로 무의미한 공방이다. 당시는 그들의 지적처럼 나라가 망할지도 모르는 절체절명의 위기 상황이었고, 때문에 "시장에서 병사했다"는 것 자체가 비정상적인 논리다. 법정관리로 재벌을 살리는 길 대신 조각내는 워크아웃을 택했다는 것은 재벌은 병사한 것이 아니라 붉은 빛이 비치는 민주적 시장질서에 의해 산산이 조각나 흩어졌다는 것을 의미한다.

DJ노믹스의 결정을 결코 되돌릴 수 없고 회한으로 비춰지는 공허한 주장을 내세우기보다는 "대우그룹을 해체하여 얻은 것이 무엇이며 누구를 위한 것이었냐"고 김 회장은 되물었어야 했다. 경제학 교과서 어디에도 등장하지 않는 '민주적 시장질서' 그리고 완전경쟁과 유사한 그 이상적 시장질서를 추종한 영혼 없는 관료들의 어설픈 과잉충성으로 인해 한국경제가 어떠한 대가를 치렀고 또 어떠한 후유증으로 고전하고 있는지를 일깨우는 것이 더 중요한 일이었다.

수업시간 중 학생들이 대우그룹이 해체되었어도 계열사들이 새로운 주인을 만나 독자적으로 잘 생존하고 있지 않냐고 되물었다. 심지어 대우에 몸담았던 동료들 중에도 학생들과 같은 시각을 갖고 있는 사람들이 많다. 물론 그렇다. 그러나 중요한 것은 지금의 해당 계열사의 위상은 예전의 그것과는 비교할 수 없을 만큼 추락했다는 사실이다. 한국GM의 국내시장 점유율은 예전 대우자동차의 반토막도 안 되는 10% 이하 수준이고, 동유럽, 인도 등지의 대우자동차는 흔적도 남기지 않고 대한민국의 손을 떠났다. 거의 사라진 것이나 다름없는 대우전자를 포함하여, 무역, 조선, 중공업, 증권의 위상도 상대적으로 많이 추락했다. 사업다각화로 시너지를 창출하며 성장 발전해 온 것이 한국경제의 역사인데, 재벌해체와 함께 그 시너지가 날아가버렸기 때문이다.

　　IMF 사태를 '위장된 축복'이라 미화한 영혼 없는 관료들에 찬사를 보내는 이들도 많다. 이들은 "DJ노믹스가 추진한 단호한 구조조정 덕분에 재벌들이 정신을 차리며 전문분야로 뛰어들어 성공하였고, 그래서 우리나라가 그나마 이 정도로 잘 살게 되었다"고 주장한다. 역사를 되돌릴 수도 없고 더구나 세상을 보는 눈이 다르니 DJ노믹스가 남긴 후유증을 축복이라 해도 뭐라 할 말이 없다. 그러나 재벌해체가 축복이 아니라 저주라고 주장하는 이유는 그것이 시장주도가 아니라 DJ노믹스의 꿈을 실현한 정부주도였다는 점 때문이다. 다시 말해, DJ노믹스는 외환위기의 주범인 관주도 체제를 개혁하기는커녕 도리어 다시 이를 고수하는 오류를 범한 것이다.

　　정적의 관계에 있었던 박정희, 김대중 두 전직 대통령. 이들은 서로 정적이었던 만큼이나 경제에 있어서도 정 반대의 길을 달렸다. 박정희 체제가 시장친화적인 길로 나아가 재벌중심의 경제로 번영의 주춧돌을 놓았다면 경제민주화 체제의 DJ노믹스는 절반 이상의 재벌을 들어내며 번영의 주춧돌을 훼손하였다. 시장의 요구를 외면한 채 오로지 정부주도로 내달리며 결과적으로 IMF에 과잉충성한 DJ노믹스가 과연 누구와 무엇을 위해 168조의 거금을 쏟아 부은 것인지 그리고 왜 백서 하나 남기지 않았는지 이제 독자 여러분이 판단할 차례다.

Laissez ~ faire

소유와 지배의 분리

1. 소유와 지배의 분리

재벌그룹의 경영권은 총수(오너: Owner) 1인에게로 집중되어 있다. 재벌그룹의 경영에 관한 한 총수가 황제처럼 무소불위의 절대권력을 행사한다는 점에서 황제경영에 비유되기도 한다. 재벌그룹의 이러한 독단적·비민주적 황제경영을 개선해야 한다는 지적이 예전부터 있어왔다. 그러나 1997년의 외환위기를 계기로 총수의 독단적 의사결정에 따른 재벌의 무모한 사업확장이 외환위기의 단초가 되었다는 판단에 따라 정부는 재벌그룹의 소유지배구조의 개혁에 나선다.

개혁은 크게 두 방향으로 추진된다. 하나는 재벌의 의사결정이 투명하도록 유도하는 지배구조의 민주화이고, 다른 하나는 황제경영의 핵심 연결고리인 순환출자구조를 해소하는 소유지배구조의 민주화이다. 어느 방향이든 총수(owner)의 그룹지배권을 약화시키고, 더 나아가 궁극적으로는 재벌그룹의 소유와 지배를 분리함으로써 사실상 재벌을 해체하는 것과 유사한 결과를 노린 개혁이다. 이로써 1997년 16개 재벌이 해체된 외환위기를 고비로 경제민주화 체제는 재벌로의 경제력 집중억제에서 재벌그룹의 소유와 지배의 분리로 그 무게중심을 옮겨가게 된다.

1.1 지배구조의 민주화

재벌그룹의 지배구조를 민주적으로 개선하기 위한 방안의 일환으로 도입된 것이 사외이사제도다.[1] 사외이사제도는 대주주와 관련이 없는 외부인사가 기업의 의사결정기구인 이사회에 참석하여 기업경영을 감독하고 간여함으로써 기업경영의 투명성을 높인다는 취지로 도입된 제도다. 사외이사가 기업경영의 객관성 및 투명성을 확보하는 만큼이나 오너 및 대주주의 경영전횡이나 독단적인 지배를 견제할 수가 있고, 따라서 그에 상응하는 만큼 기업의 지배구조가 민주화된다고 할 수 있다. 물론 예전부터 기업경영의 투명성을 확보하기 위한 수단으로 주주총회나 감사제도 등이 운영돼 왔으나 외환위기의 과정에서 이것의 한계가 분명히 드러났다. 사외이사제도의 도입을 계기로 황제경영의 구심점 역할을 해온 재벌그룹의 비서실, 전략기획실, 기획조정실 등이 조직에서 일단은 자취를 감추기 시작한다.

사외이사제도가 의도하는 긍정적 효과에도 불구하고 그 실효성은 여전히 논란거리이다. 특히, 누가 사외이사에 임명되는지를 보면 왜 그런 논란이 생기는지 알 수 있다. 사외이사도 결국 대주주가 임명하는데, 이기적 인간의 속성상 대주주가 본래의 목적을 충실히 수행

---

[1] 1908년 우리나라가 도입한 사외이사제도는 미국, 영국 등에서 벌써부터 채택되어 운용되고 있는 제도였다. 미국의 경우 사외이사의 비중이 약 70% 내외이다.

할 인사를 사외이사에 임명할 리가 없다는 것은 자명한 일이다. 사외이사에 임명되는 사람들은 주로 대주주와 친분이 있거나 혹은 대주주가 기업경영에 긴요하게 써먹을 가치가 있다고 판단되는 전직 고위관료나 국세청, 검찰, 감사원 등의 권력기관 출신의 관료, 정치인, 대학교수 등이다. 역설적이게도 그런 제도를 줄기차게 외치는 시민단체나 경제민주화 인사들도 재벌그룹의 사외이사에 포함되어 있다. 일단 이들을 앉혀 놓아야 그런 요구가 사그라진다는 차원에서 선택된 인물들일 것이다. 주로 전직 기업인 출신들이 사외이사가 되는 서구의 경우와는 확연한 대조를 이룬다. 사외이사들은 비상근이면서도 비교적 고액의 보수와 심지어 스톡옵션까지 챙기지만 하는 일이라는 거수기의 역할 뿐이었다는 지적도 많다. 실제로 사외이사가 기업의 중요 의사결정에서 반대의 목소리를 낸 경우는 아예 전무한 것으로 분석되고 있다. 이런 점에서 사외이사제도는 본래의 취지에 부합하는 역할을 하기는커녕 오히려 엉뚱한 사람들의 배만 불리고, 좋은 게 좋다는 풍토를 조성 하는 데 기여하였다는 비판이 끊이지 않는다.

　　의사결정의 투명성을 높이기 위한 그 다음의 경제민주화로는 소액주주운동을 지적할 수 있다. 소액주주운동은 원래 소액주주들의 권익을 보호하기 위해 소액주주들의 경영자(회사)에 대한 권한을 확대하는 일체의 운동을 말한다. 사외이사제도의 도입이나 주주대표소송 요건 완화 등은 소액주주운동의 대표적 결과물이다. 소액주주운동은 경영진에게 주주권의 침해나 경영실패에 대한 법적인 책임을 추궁함으로써 경영자의 재량권이나 전횡을 견제 감시하며 경영의 투명성을 높이는 역할을 수행하기 위한 것이다. 따라서 그 역할 면에서 본다면 소액주주운동은 '좋은 기업 지배구조'가 추구하는 목표와 유사한 것이다. '좋은 기업 지배구조'란 소액주주운동을 이끌어온 경제전문가들을

중심으로 기업경영의 비효율성을 개선하고 투명성을 높여 기업가치
(주가)를 높이기 위한 대안으로 제시된 지배구조다.

소액주주운동이나 '좋은 기업 지배구조'는 모두 주식시장의 힘
을 빌어 기업경영의 투명성을 높이는 데 기여한 긍정적인 측면은 분
명히 있다. 그렇지만 이는 경제민주화를 달성하려는 주주민주주의의
일환이고, 어느 경우이든 따지고 보면 결국 그것을 주도하는 사람들
의 이익 챙기기에 불과한 것이라는 지적도 만만치 않다. 이를 증명
하는 대표적 사례가 지금은 청산되고 없는 한국지배구조개선펀드
(Korea Corporate Governance Fund: KCGF)다. KCGF는 소액주주운동을
펼치며 재벌개혁을 주도한 장하성 교수가 설립을 주도한 펀드다. 투
명하지 않은 지배구조로 인해 주식가치가 저평가된 기업의 주식을 사
들인 후 이들 기업의 지배구조를 개선함으로써 기업가치를 높여 투자
수익을 얻는 데 주안점을 둔 펀드였다. 그런데 동 펀드의 목적이 수익
추구라는 점에서 지배구조의 개선은 결국 돈을 벌기 위한 수단에 불
과한 것이다.

또 다른 문제는 그 투명성이라는 것도 시장원리나 전문적인 경영
지식이 상대적으로 부족한 소수주주나 법원의 판단에 의해 재단된다
는 점이다. 더구나 투명성을 추구하는 과정에서 기업경영에 지나치게
간섭하는 부작용도 따른다. 치열한 경쟁을 뚫고 성장해야만 생존을
지속할 수 있는 경제환경에서 기업은 본질적으로 투명성에 한계가 있
을 수밖에 없는 조직이다. 주주권익을 보호하기 위한 소송이 기업의
신속한 의사결정을 저해하고 그 과정에서 지나치게 많은 경영정보가
경쟁자에게 노출됨으로써 기업은 사업기회를 놓치고 생존을 위협받는
위험에 노출될 수도 있다. 더 큰 문제는 경영의 투명성을 명분으로 추
진되는 경제민주화는 '좋은' 것으로, 역으로 말하자면 지배주주나 기

존 경영진의 의사결정은 '나쁜' 것으로 규정한다는 점이다. 선악의 구
분은 절대적인 것이 아니라 상대적인 것임에도 불구하고 전자는 늘
'선'으로 후자는 늘 '악'으로 포장되어 온 것이 문제라 할 수 있다.

1.2 소유지배구조의 민주화

재벌그룹의 순환출자구조는 총수에게 경영전권을 몰아주는 데
핵심 연결고리의 역할을 하는 소유지배구조이다. 순환출자구조는 지
주회사제도를 도입한 재벌 이외의 재벌, 예를 들면 삼성을 비롯해 롯
데, 한화, 현대 등이 채택한 환상형의 소유지배구조다. 정부는 순환출
자구조를 소유지배구조 개선방안의 핵심 과제로 선정하고 이를 개혁
하는 데 몰두하고 있는데 왜 그러는지를 삼성그룹의 경우를 통해 살
펴보자.

▸ 그림 7-1 삼성그룹의 핵심 순환 출자 고리

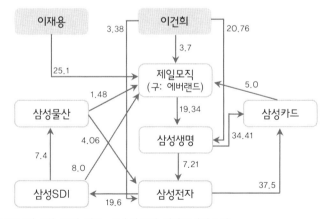

자료: 2014년 6월 30일 기준, 금융감독원 전자공시시스템

삼성그룹의 주요 계열사는 <그림 7-1>에서 보는 바와 같이 크게 2개의 환상형의 순환출자구조로 구성되어 있다. 하나는 [에버랜드 → 삼성생명 → 삼성전자 → 삼성카드 → 에버랜드]의 고리이고, 다른 하나는 [에버랜드 → 삼성생명 → 삼성전자 → 삼성SDI → 삼성물산 → 에버랜드]의 고리이다. 이 환상형의 출자구조를 이용해 계열사들은 서로 꼬리에 꼬리를 물며 지배권을 행사하고, 그룹의 지배주주(Owner)인 이건희 회장 일가는 그 환상형 고리의 중심에 있는 삼성 에버랜드를 통해 사실상 삼성그룹을 소유하고 지배한다. 순환출자구조는 지배주주에게 경영전권을 몰아줌으로써 자칫 관료 조직화되기 쉬운 대기업집단의 과감하고 신속한 의사결정을 이끌어내며 그룹을 일사분란하게 지휘 통제할 수 있다는 점에서 매우 효율적인 소유지배구조로 평가된다.

문제로 지적된 것은 순환출자구조는 오너가 소유 이상으로 지배할 수 있는 소유지배구조라는 점이다. 삼성그룹은 매출 380조원, 총자본금 124조원(2012년 4월 12일 기준), 국내 사업장에서만 26만명의 종업원을 거느린 대기업집단(2012년)이다. 삼성그룹을 지배하자면 이론상으로 62조원(50%+1주)의 천문학적인 자본이 필요하지만 이건희 회장 일가가 소유한 지분은 2012년 4월 12일 기준으로 0.95%의 지분(1조 1,780억)에 불과하다. 즉, 쥐꼬리만 한 지분으로 ─ 사실 이 지분도 엄청난 규모의 자본이다 ─ 거대한 삼성그룹을 소유하고 지배하는 것이다.[2] 만약 소유만큼 지배하는 것이 민주적이라 정의한다면 삼성그룹 현재의 소유지배구조는 민주주의 다수결의 원칙이나 1주 1표의 자본주의 원리에도 어긋나는 비민주적인 것이다.

또 다른 문제는 순환출자구조는 그룹의 지배권을 대물림하는 수

---

2 자본금기준으로 계산한 것이므로 시가로 따지면 이보다 훨씬 큰 규모이 자금이 필요하다.

단으로도 이용된다는 점이다. 삼성그룹의 경우, 오너가 실질적으로 소유하고 지배하는 에버랜드에 대한 소유지배권을 넘기면 그룹 전체의 지배권이 넘어간다. 즉, 후계자가 상대적으로 적은 금액으로도 그룹 전체의 지배권을 넘겨받을 수 있는 것이다. 그래도 그룹의 지배권을 승계하기 위해서는 지분을 추가로 취득하고 상속세도 납부해야 하므로 막대한 자금이 소요된다. 재벌은 이 승계자금을 마련하기 위해 전환사채를 헐값에 발행하여 후계자에게 넘기기도 하며 일감몰아주기와 같은 수단을 동원하였는데, 이에 대한 고발과 비난이 계속되면서 순환출자구조가 개혁의 도마 위에 오른다.

순환출자구조를 살펴보면, 재벌의 금융계열사가(주로 증권사, 보험사, 카드사, 캐피탈사 등 비은행금융회사) 핵심 연결고리의 역할을 하고 있음을 알 수 있다. 즉, 고객이 해당 금융계열사에 맡긴 막대한 예탁금이 거대그룹을 소유하고 지배하는 데에 이용되고 있는 것이다. 정부는 금융자본과 산업자본(제조업체) 분리를 규정한 금산분리정책을 근거로 순환출자구조의 고리를 차단하거나 약화시키는 방안을 추진 중에 있다.

잠시 옆길로 새 금산분리에 대해 간략히 살펴보기로 하자. 금산분리의 원조는 은행과 산업을 분리하는 은산분리다. 은산분리는 본래 사업상 실패의 위험이 상존하는 산업을 은행으로부터 방호막을 쳐 서로 분리함으로써 고객이 맡긴 돈(예금)을 안정적으로 관리하고 운용하기 위한 목적에서 시행되었다. 은산분리에 대한 선진국의 추세를 보면, 독일처럼 예외도 있지만, 대체로 산업이 은행을 소유 지배하는 것은 금지되고 있다. 반면에 은행이 산업을 소유 지배하는 것은 법으로는 금지하지는 않지만 허가가 나지 않는다는 점에서 사실상 금지되어 있다.

은산분리가 세계적 추세인 것과는 달리 금산분리가 정책으로 시행되는 경우는 드물다. 우리나라에서도 경제개발 과정에서도 장기자본의 안정적 확보차원에서 산업이 금융을 보유 지배하는 것은 벌써부터 용인되어 왔다. 물론 서구의 경우도 금산분리를 채택하지 않고 있다. 대표적으로 인용되는 사례가 미국의 General Electric(GE)이다. GE 지주사는 산하에 에너지, 발전설비, 의료기기, 방송 분야의 제조업체와 금융회사인 GE Capital Service(GECS: GE의 100% 자회사)를 거느리고 있다. 그리고 GECS는 CE의 모든 금융회사들을 소유 지배하는 중간지주회사로서의 역할을 하고 있다.

정부가 세계적 추세를 거슬러가면서까지 금산분리를 추진하는 이유는 단 하나, 순환출자구조의 고리를 차단하기 위해서다. 그동안 금산분리는 쌍끌이 규제를 통해 이루어져 왔다. 하나는 해당 그룹의 금융계열사가 소유한 비금융계열사의 주식에 대해 의결권을 제한하는 의결권규제 정책이고, 다른 하나는 금융계열사의 비금융계열사의 주식 소유를 제한하는 소유규제 정책이다. 의결권규제에는 공정거래법 제11조가 동원되고 있고, 소유규제에는 금산법('금융산업의 구조개선에 관한 법률') 제24조가 적용되고 있다.

이러한 쌍끌이 규제를 도입하여 재벌의 비민주적 소유지배구조를 본격적으로 민주적으로 개혁하기 시작한 것은 노무현 정부다. 구체적으로 보면, '산업자본의 금융지배 로드맵'에 따라 공정거래법을 개정하여 금융계열사 보유 주식에 대한 의결권 한도를 2006년부터 매년 단계적으로 25%, 20%, 15%로 축소하도록 조치하였다. 또 '시장개혁 로드맵'에 의거 2007년 금산법 제24조를 개정하여 5년의 유예기간을 주며 5%를 초과하여 소유한 지분 전량을 처분토록 하였다.

경제민주화론자들은 노무현 정부가 출자총액제한의 한도를 40%로 높이고 예외규정을 두면서까지 출자총액제도를 사실상 무용지물화하는 등 재벌개혁을 제대로 하지 못했다고 비난한다. 또한 지지자들로부터 신자유주의자는 비난을 받고 반대파들로부터는 좌파라는 소리를 들은 것을 보면 경제정책에 대해서도 뚜렷한 방향이 정립된 것은 아니었을 수 있다. 그러나 금산분리의 이면을 들여다 보면 재벌개혁에 대한 노무현 정부의 색깔이 선명히 드러난다. 즉 노무현 정부는 이념적으로 초록동색인 김대중 정부를 따라 황금거위를 조각내는 대열에 사실상 동참하고 있었던 것이다.

1.3 삼성그룹이 Target

금산분리의 궁극적 목표는 지배주주가 그룹에 대한 지배권을 잃고, 이로써 소유와 지배의 분리를 실현하는 것이다. 시중에는 정부가 추진하는 금산분리는 황금알을 낳는 삼성그룹이 target이라는 분석이 파다하다. 극단적인 경우 만약 의결권규제와 소유규제를 더욱 강화하는 방향으로 금산분리가 추진된다면 2개의 연결고리가 모두 와해되어 오너 중심의 기존 소유지배구조는 사실상 무너진다. 이렇게 되면 0.95%를 소유한 삼성의 지배주주가 0.95%만큼의 지배권을 행사하는 경제민주화, 즉 소유지배구조의 민주화가 실현되게 된다. 비유적으로 표현하자면, 금산분리는 주인이 붙들고 있는 황금거위의 목줄을 끊어 버림으로써 황금거위를 다시 조각내는 것이나 마찬가지다. 그러면 주인의 손을 떠난 황금거위가 계속 황금알을 낳을지 아니면 흰색의 알을 낳는 평범한 거위가 될까? 물음에 대한 해답의 힌트는 16개 재벌의 해체에서 찾을 수가 있다.

삼성그룹은 정부의 규제를 따라 순환출자구조를 해소해 나가는 과정에 있다. 실제로 2007년 금산법 개정 당시 삼성카드는 에버랜드 주식을 25.4% 소유하였는데 이 중 20.4%를 처분하고 <그림 7−1>

에서 보는 대로 2013년 3월 말 현재 5%만 소유하고 있다. 동시에 삼성그룹은 지금 계열사간 지분을 정리 조정하며 지주회사로 전환하는 과정 중에 있고, 추후 후계구도가 가시화되면 그 방향에 대한 가닥이 잡힐 것이다. 위에서 언급한 극단적인 상황이 닥치도록 방치할 만큼 삼성은 어리석지 않다. 문제는 지주회사로의 전환과정에서 지불하는 비용(세금 등)이다. 그렇지 않았더라면 지불할 필요가 없는 비용을 지불함으로써 황금거위의 경쟁력을 그만큼 갉아먹게 된다.

　순환출자구조는 정부 규제의 산물이다. 정부가 과거에 상호출자 및 지주회사의 설립을 금지하자 재벌은 순환출자구조를 고안해냈고, 그 가운데에 금융계열사가 낀 것이다. 또한 외환위기 극복의 과정에서 정부가 200% 부채비율의 축소를 강력히 밀어붙이자 재벌은 유상증자를 통해 이를 풀어갔는데, 불경기의 와중에서 유상증자 물량이 소화되지 않자 계열사들이 이 물량을 떠안으면서 순환출자구조가 굳어졌다. 이처럼 순환출자구조에는 우리나라 자본주의 고유의 역사성이 있다. 그 역사성을 감안한다면 세계적 추세를 역행하는 금산분리는 시대착오적인 것이라 할 수 있다. 금산분리가 필요하다면 순환출자구조를 와해하기 위한 수단으로서가 아니라 우리나라 금융산업의 장기적 발전 차원에서 다뤄져야 한다는 말이다.

2. 소유와 지배는 분리해야 하는가?

　소유와 지배의 분리는 경제민주화 체제가 추구하는 것이라는 점에서 쉽게 방향을 틀 수 있는 성질의 것이 아니다. 그러나 그게 정말 경제선진화인지는 좀 더 깊게 들여다봐야 한다. 우리나라에서 소유와

지배의 분리를 경제선진화라고 주장하는 사람들이 늘 인용하는 사례
는 미국의 경우다. 이들은 미국 자본주의체제가 진화 발전하면서 경
영투명성을 높이기 위한 여러 제도적 장치(예: 사외이사제도 등)가 마련
되며 종국적으로 소유와 지배가 분리되었으므로 우리도 이를 답습하
여 경제선진화를 이뤄야 한다고 주장한다. 특히, 1970년대 및 1980년
대에 미국에서 경영학을 학습한 사람들 대부분이 그런 주장을 편다.
또한 1997년 외환위기를 겪으면서 Global(혹은, American) Standard가
한국경제에 폭넓게 적용되기 시작하면서 이 경제선진화에 더욱 무게
가 실린 측면도 있다.

2.1 경영자 자본주의[3]

　　그러면 미국이 했다고 해서 우리도 소유와 지배를 분리하는 방향
으로 나아가야 할까? 이 질문에 답하기 위해 미국에서 이 둘이 분리되
는 과정을 살펴보자. 기업의 성장 발전에는 대규모의 자본이 필요하
고, 미국 기업은 그 자본을 주로 주식을 발행하여 조달한다. 그 결과
해가 거듭될수록 창업주, 즉 오너의 지분은 상대적으로 감소하는 반
면 투자가들의 지분은 지속적으로 증가하는 현상이 나타난다. 20세기
초반 경부터 이런 현상이 심화되기 시작하고, 이 때문에 오너를 대신
하여 전문경영인이 기업을 경영하는 경우가 많아지면서 소유와 지배
는 자연스럽게 분리된다. 전문경영인이 주도하는 경제라는 점에서 미
국 경영학계에서는 이를 경영자자본주의(Managerial Capitalism: 'MC')라
고 부른다.

---

3 본장의 2.1 및 2.2의 내용은 Zajac and Westphal(2004)를 참고하여 작성하였지만, 그
　내용 중에는 일반적으로 알려져 있는 것도 많다.

경영자자본주의는 20세기 중반인 1960년대 중반경부터 1980년대 초반까지 미국의 경제계를 주름잡으며 대대적으로 유행하게 된다. 통계를 보면 1963년도경 미국 500대 기업의 80% 정도가 전문경영인 체제를 채택할 정도였다. 그러면 MC체제가 이처럼 유행하게 된 이유가 뭘까? 무엇보다 전문경인들은 Business Elite로 간주되었고 또 이들이 경영하는 기업들의 성과가 탁월하다는 점 때문이었다. 경영학계에서는 MC체제의 이런 성과를 "Corporate Logic(CL)"으로 설명하고 있다. 즉, 독창적인 전략적 경영지식을 가진 전문가(전문경영인)가 장기적 관점에서 기업을 위해 기업을 책임지고 경영함으로써 그런 성과를 이루었다(Zajac and Westphal, 2004)고 분석한 것이다.

CL은 분명 MC체제를 특징짓는 논리다. 그런데 잘 살펴보면 당시의 경제환경은 전문경영인이 CL에 충실할 수 있었던 여건이었다. 그 당시에는 요즘과 같은 피 튀기는 Global 경쟁이 없었고, 따라서 Corporate America(주식회사 미국)가 호황을 누리는 가운데 미국 기업들도 그 호황에 걸맞은 수익을 올린다. 당연히 은행의 차입에 의존하지 않고 경영할 수 있는 여건이 제공됐다. 또 기업들의 넉넉한 수익은 노동자들을 기업경영의 동반자로 간주하며 이들의 주머니를 두둑하게 만들어 주었다. 이러한 여건을 배경으로 전문경영인은 오너의 자세로 기업에 충성하고 책임경영을 하며 장기적 안목에서 투자결정을 하며 탁월한 실적을 올릴 수 있었다. 전문경영인 체제가 성공적인 것으로 널리 알려지면서 소유와 지배(경영)의 분리는 미국업계의 지배적인 현상으로 자리잡고 덩달아 미국의 경영학계도 이의 우수성을 설명하는 논문을 쏟아낸다. 그 당시 미국에서 경영학을 배운 사람들에게는 소유와 지배의 분리는 의심이 필요치 않은 이론으로 다가와 있었다.

2.2 주주자본주의와 금융자본주의

한동안 유행하던 MC체제는 새로운 체제에 그 바통을 넘겨주어야 했다. 1970년대 들어 두 차례의 오일쇼크로 인해 미국의 호황국면이 막을 내릴 채비를 한다. 더구나 월남전을 치르는 과정에서 남발된 통화증발이 오일쇼크와 맞물리면서 미국 경제는 여태까지 경험하지 못했던 stagflation과 맞닥뜨린다. 한때 인플레이션이 두 자릿 수를 기록할 정도로 물가가 폭등하고 이자율이 두 자릿 수로 상승하며 기업 수익성은 곤두박질친다. 이런 가운데 주식회사의 일본의 부상으로 시장경쟁이 더욱 가열됨으로써 주식회사 미국 기업의 수익성은 크게 악화된다.

불황의 국면이 이어지는 가운데 실적부진에 허덕이는 수많은 부실기업들이 매물로 쏟아지고 저평가된 기업들도 속출한다. 이를 틈타 이들 기업들에 눈독을 들인 기업사냥꾼들이 대거 등장하고, 이들을 중심으로 부실기업을 사들여 구조조정과정을 거쳐 기업가치를 높인 후 이를 되팔아 매각차익을 챙기기 위한 M&A가 붐을 이루기 시작한다.

게다가 동 시대에 유행하기 시작한 신자유주의의 흐름을 타고 구조조정이 일상화되다시피 하면서 그런 붐은 더욱 기승을 부린다. 미국 경제에 밀어닥친 이런 구조조정 및 M&A의 물결로 인해 그동안 기업의 동반자로 간주됐던 노동자가 비용으로 간주되며 해고당하는 아픔을 겪고 덩달아 CEO의 입지도 풍전등화처럼 위태로워진 상황이 벌어진다. 이런 상황에서 CEO가 예전처럼 주인의 자세로 장기적 안목에서 기업을 책임지며 경영한다는 것은 쉽지 않은 일이었고, 이 때문에 CEO의 사고와 행동양식은 점차 단기 중심적(Short-term oriented)으로 변해간다.

　　이런 변화를 더욱 부추긴 것은 바로 기관투자가(Institutional Investors)
다. 1980년대 초 기업이 CP(Commercial Paper)를 고안 발행하여 단기
자금을 직접적으로 조달하자 그간 단기자금의 주 공급처였던 은행은
다른 수익원 발굴에 나서야만 했다. 은행은 한편으로는 수수료 수입
의 비중을 늘릴 수 있는 영업전략을 펴면서도 다른 한편으로는 자회
사나 투자회사를 통해 투자활동에 나서게 됨으로써 기관투자가가 급
격하게 부상한다. 기관투자가는 속성상 증권매매에 따른 단기 매매차
익이 목표이고, 그 목표를 달성하기 위해 CEO를 압박하여 투자한 기
업의 주가를 끌어올리는 전략을 편다. 기관투자가들뿐만 아니라 매매
차익을 바라고 투자한 여타의 주주들, 개인 등도 이 전략에 동참한다.
주주들의 이런 전략을 모를 리 없는 CEO가 단기적으로 기업의 수익
을 극대화하여 주가를 끌어올리는 일에 몰두할 수밖에 없었다.

　　당시의 제반 환경이 CEO를 이처럼 단기 중심적으로 유도하였을
뿐만 아니라 스톡옵션이나 성과급제도 등 CEO의 유인체제(Incentive
System) 역시 그 방향을 지향하도록 고안됐다. 주가가 올라야만 주주들
로부터 경영능력을 인정받아 두둑한 보너스를 받으며 자리를 지킬 수
가 있고, 또 자신이 보유한 스톡옵션(Stock Option)을 행사하여 한 몫을
챙길 수 있었으니 사람을 자르고 Out Sourcing, Downsizing으로 비용
을 줄이는 구조조정이 만연하는 것은 당연한 일이었다. 사실 오늘의
주주는 어제의 주주와 다르고 또 미래의 주주와도 동일하지 않는 현실
의 세계에서 CEO가 Corporate Logic을 따라 장기적 안목에서 기업을
위해 투자하고 의사결정하기를 기대하는 것은 순진한 일이다.

　　CEO는 이처럼 단기적으로 주주가치의 극대화(Maximizing shareholder
Value)에 치중하는 경영방식을 고수했는데, 이것이 바로 1980년대 초
반 경부터 유행하기 시작한 주주자본주의(Shareholder Value Capitalism:

SVC)다. SVC의 기원은 Jensen and Meckling(1976)의 논문에서 찾을
수가 있다. 이들은 이 논문에서 "주주들은 현실에 안주하는 경영진에
게 고수익을 요구해야 한다"고 주장함으로써 SVC 시대의 도래를 일찌
감치 예고하였다. 학문적으로 이들로부터 움튼 SVC가 현실의 경제에
응용되며 급격히 확산된 것은 미국 GE사(社)의 (전)회장인 J. Welch
덕분이다. 그가 SVC의 전도사로 알려진 것에서도 알 수 있듯이, SVC
에 충실한 그의 경영방식이 월등한 성과를 낸 것으로 평가되면서 SVC
는 전세계적으로 유행한다.[4]

　　SVC 체제를 특징짓는 논리는 Agency Logic이다. 즉, CEO는 주
주의 대리인(Agency)으로 단기수익극대화에 치중하면서 기업보다는
주주를 위해 일하며, 기업보다는 주주에 충성한다는 논리다. Agency
Logic이 특히 위력을 발휘한 분야는 금융산업이고, 그 중에서도 미국
의 월가 및 영국 런던시의 금융가다. 20세기 후반부 들어 금융규제가
완화되고 정보통신기술의 발달로 국가간 자본이동이 촉진되며 세계금
융시장의 통합이 가속화되는 등 금융산업에 유리한 환경이 조성되자
금융산업은 이들 두 곳을 중심으로 급성장한다. 금융산업의 GDP 비
중이 8%(2012년 기준, 미국), 15%(영국)에 이를 정도였고, 미국의 금융
산업은 2008년 한때 그 이익 규모가 미국 전체기업 이익의 40%를 차
지할 정도로 경제에서 차지하는 비중이 매우 컸다.[5]

　　전통적으로 보면 금융과 실물(제조업)은 동전의 양면과 같은 불가
분의 관계가 있었다. 금융산업은 그 자체로 작동되는 주(主) 산업이라

---

4 Welch는 1981년 8월12일 뉴욕시 소재 Pierre 호텔에서 "Growing fast in a slow moving economy"의 제목으로 SVC에 관한 연설을 했다.

5 미국은 금융현대화법(1999년, Gramm-Leach-Bliley Act)을 제정하여 금융지주회사를 통한 금융겸업화를 허용하였고 그리고 영국은 금융 Big Bang(1986년)을 통해 금융구제를 완화하였다.

기보다는 제조업을 뒷받침하는 종(從)의 산업으로 간주되어 왔다. 그러나 금융산업에 대한 규제가 완화된 것을 계기로 금융산업은 더 이상 제조업을 위한 종(從) 산업이 아닌 독자적인 주(主) 산업으로서 성장 발전하기 시작하면서 사실상 실물경제를 지배하는 금융우위의 상황이 전개된다.

금융산업은 자본시장(주식, 채권)을 넘어, 외환시장, 파생상품(선물, 옵션)시장, 원자재시장 등으로 그 업무 영역을 넓히는 가운데 금융시장에는 새롭고 다양한 형태의 금융기법과 금융상품이 출현하고 사모펀드나 헤지펀드와 같은 형태의 금융자본이 속속 등장하면서 날로 복잡해지며 그 규모도 엄청나게 커져왔다. 이처럼 오늘날 금융산업의 비중이 날로 커지고 세계경제의 중심에 제조업보다는 금융산업이 들어서는 상황이 도래하면서 이른바 금융자본주의(Financial Capitalism: FC)의 시대가 열린다.

두말할 필요도 없이 금융자본주의 역시 SVC의 갈래이고 단기실적을 중시하는 AL의 체제이다. 금융자본은 실체가 존재하는 실물자본(공장, 기계설비 등)과는 달리 언제 어디서든 쉽고 빠르게 전세계를 날아다닐 수 있는 속성을 갖고 있다. 런던에 있는 천문학적인 자금이 컴퓨터 단말기를 통해 순식간에 뉴욕으로 이체될 수 있는 곳이 바로 금융시장이다. 즉, 금융자본은 단기수익을 쫓기에 아주 적합한 속성을 갖고 있는 산업이다.

그런데 뒤집어 생각하면 금융시장의 단기적 속성은 투자가, 주주, 그리고 FC체제의 dominant class로서의 위상을 굳힌 analysts, fund managers 등 단기수익극대화를 추구하는 금융시장 참여자들의 행태를 반영한 결과이기도 하다. FC가 유행하면서 그 중심에 서 있는 주식시장도 본래의 기능인 장기 자본조달 시장으로서 역할을 점차 상실하며 단기수익을 추구하는 매매중심의 시장으로 변해 간다. 금융자본주의가 "Capitalism without(long-term) project"라는 단기 중심적인 체제로 변하는 데는 이런 제도적 환경의 변화도 일조를 하였다. 즉, 기업 실적이 분기별로 공표되고 시가평가(mark to market)가 의무화되면서 금융시장 시장참여자들 모두가 더욱 단기실적 위주로 움직일 수밖에 없는 환경으로 몰린 것이다.

이런 변화의 이면을 보면 FC체제의 보상체제(compensation system)도 일정 부분 기여하고 있음을 알 수 있다. 앞서 지적한 대로 단기실적에 따라 천문학적인 성과보수를 챙길 수 있도록 고안된 보상체제는 산업계, 금융계의 CEO로 하여금 단기실적에 목을 메게 만들었다. 위험한 투자(Risky Investments)도 불사하고 심지어 Enron의 경우처럼 회계장부 조작도 서슴지 않는 것은 모두 단기실적주의에 집착한 때문이다. 이런 단기실적주의로 인해 "시장이 좋을 때 두둑이 한 몫 챙겨 떠난다"는 한탕주의가 만연하고, 이런 가운데 급기야 2008년 9월 자산 규모 약 7천억 달러의 미국 대형 투자금융회사인 Lehman Bothers가 파산하면서 미국발 세계금융위기가 터지고 만다.

3. 자본주의체제의 역사성

미국에서 소유와 지배의 분리가 유행하는 배경을 경제적 성과만으로는 설명할 수가 없다. 얼핏 봐도, Corporate Logic에 충실한 MC 체제의 경제적 성과가 화려했다면 Agency Logic이 진을 친 SVC, FC 체제에서는 세계적 금융위기라는 참담한 결과가 초래된 때문이다. 분명한 사실은 소유와 지배의 분리는 미국 자본주의체제가 MC, SVC,

FC,로 진화 발전 과정에서 나타난 미국적 현상이라는 점이다. 미국 기업의 성장 발전 과정에서 기업이 발행한 주식을 인수한 곳은 대부분 투자금융회사들이었고, 그 결과 해가 거듭될수록 오너/창업자의 지분은 상대적으로 낮아지는 반면 투자가의 지분은 높아졌다. 지분구조로만 보면 더 이상 오너의 회사가 아니었고, 때문에 소유와 지배가 자연스럽게 분리될 수 있는 여건이 조성되었던 셈이다.

일본의 경우도 기업의 성장과정에서 지분분산이 이루어졌다. 주로 보험회사와 같은 금융회사나 주식발행기업과 거래관계가 있는 여타 기업들이 지분을 인수하면서 오너의 지분율은 점차 적어지게 된다. 일본 상장기업의 지분구조를 보면 2009년 말 현재 금융기관이 32.4%, 그리고 여타 기업이 22.4%로 이들 두 집단이 과반수 이상의 지분을 소유하고 있다(Tokyo Stock Exchange 2010 Statistical Highlights).

그러면 우리나라의 경우는 어떨까? 우리나라 기업의 성장 발전에 있어서 지분분산은 이들 나라와는 다른 형태로 전개되었다. 재벌 대기업이 발행한 주식을 주로 인수한 주체는 같은 그룹에 속한 여타 계열사들이었다. 2012년 6월 공정거래위원회가 배포한 자료를 보면 우리나라 10대 대기업집단의 내부지분율은 50%를 훌쩍 넘어 해당 그룹은 여전히 그 그룹 소유의 회사다.6 삼성그룹의 경우, 내부지분율은 무려 62%로 여전히 삼성그룹이 명실상부한 주인이다. 오너 일가는 비록 0.95%의 쥐꼬리만 한 지분을 소유하지만 순환출자를 통해 실질적으로 삼성그룹을 지배하는 데는 아무런 문제가 없는 구조다. 이는 오너를 정점으로 그룹 계열사가 한데 묶여 있는 우리나라 자본주의체제는 소유와 지배가 분리되기에 적합하지 않은 출자구조라는 것을 말한

---

6 내부지분율=((동일인+친족+임원+계열회사+자사주) 주식지분/계열회사 자본금의 합계)x100

▶ 그림 7-2 총수 있는 상위 10대 집단의 내부지분율 변화

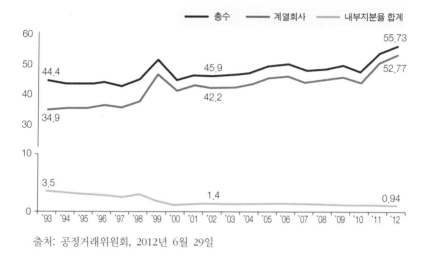

출처: 공정거래위원회, 2012년 6월 29일

다. 적어도 수백 년의 역사를 가진 미국 자본주의체제의 발전과정이 불과 70여 년의 역사밖에 안 되는 우리의 그것과는 같을 수는 없다는 것은 장황한 설명이 필요 없는 진실이고, 따라서 우리 자본주의의 역사성을 도외시한 채 경제선진화를 명분으로 민주적 소유지배구조를 고집할 수만은 없는 일이다. 다시 말해, 흘러간 MC체제의 장밋빛 환상에 젖어 우리나라도 소유와 지배의 분리하는 방향으로 나아가야 한다고 주장해서는 안 된다는 말이다.

4. 누구를 위한 소유지배구조의 민주화인가?

경제민주화가 항상 어느 특정집단의 이익을 대변해왔던 것처럼 소유와 지배의 분리 역시 그렇다. 겉으론 주주자본주의로, 즉 금산분

리, 사외이사제도, 좋은지배구조를 통해 재벌 대기업의 총수를 압박하여 문어발식 확장을 견제하고 황제경영을 감시하며 경영의 투명성을 제고한다고 목소리를 높이지만, 그 속을 들여다보면 합리적인 인간들이 이익을 챙기기 위한 수단임이 드러난다.

　　SVC, FC의 물결을 타고, 특히 1997년의 외환위기 이후 외국인들은 이름만 들어도 아는 한국의 주요 대기업 및 금융회사의 최대 주주로 올라섰다. 2014년 7월 4일 현재 외국인 지분은 33.96%(한국거래소)로 세계시장을 통틀어 한국이 세 번째일 정도로 외국인 천지다. 특히 외국인 지분이 50%가 넘는 상장기업은 42개로 여기에는 신세계, 이마트, 삼성화재, 삼성전자, KB금융, 신한지주, 하나금융지주 등 주요 기업들이 포함되어 있다. 우리의 증권시장에 외국인들이 넘쳐나는 현실에서 주주자본주의를 주장하다간 알토란같은 우리 대기업의 지배권을 아예 외국인에 넘기거나 아니면 적어도 외국인의 배만 불려주는 결과를 초래할 수 있다는 것을 증명하는 대표적 사례가 2003~2005년에 터진 SK–소버린 사태다.

　　소버린 자산운용은 SK(주) 지분의 14.99%를 사 모아 SK(주)의 단일 최대주주로 등극한다. 소버린은 경영투명성을 빌미로 경영권 참여를 선언하고 "SK(주)가 과거의 관행과 단절하고 모든 주주의 이익을 위해 기업을 운영하고 있다는 점을 확실히 보여주어야 한다"고 강조하며 마치 SVC의 전도사인 것처럼 떠들어댄다. 그리고 재벌에 대한 뿌리 깊은 반감을 십분 활용하여 여론몰이로 재벌을 공격하는 한편 SK(주)노조, 소액주주들로부터 의결권을 양도받아 현 이사진 및 최태원 회장의 퇴진 그리고 SK 재벌 해체를 주장하고 SK(주)의 경영진을 위협하며 적대적 M&A를 시도한다.

　　급기야 최태원 회상의 경영권이 풍전등화의 상황으로 몰리게 되자, SK그룹은 경영권을 방어하기 위해 시장에서 SK㈜주식을 사 모으기 시작한다. 그 과정에서 주당 7,000원 수준을 들락거리던 주가가 5만원 이상으로 치솟는다. 주가가 의도한 대로 천정부지로 솟아 오르자 소버린은 곧바로 주식처분에 나섰다. 소버린은 불과 2년여 만에 무려 1조원에 달하는 천문학적인 주식매각 차익을 챙기고 홀연히 한국을 떠난다. 주주자본주의를 빙자하여 재벌의 지배주주를 몰아세우며 이익을 챙겨가는 외국인들쯤이야 너그럽게 봐줄 수 있다 하여도 자신들의 잇속을 챙기기 위해 외국인과 한 통속이 되어 부모 형제들이 피땀 흘려 쌓아 올린 금쪽같은 국부를 순식간에 해외로 날려버리는 대열에 동참한 이들은 애국자가 아니라도 참기 힘든 일이다. 이 사태는 순진하게 SVC, 외국인 좋아하면 어떤 꼴을 당하는가를 여실히 보여주는 사례다.

소유지배구조의 민주화가 특정집단의 이익 챙기기로 변질될 수 있다는 사실은 국민연금의 의결권 행사에 관한 논란을 통해서도 들여다 볼 수 있다. 2013년 말 기준으로 국민연금이 5% 이상의 지분을 보유한 기업은 130여 개이고 그 중에서 10% 이상을 확보한 기업은 42개다. 국민연금은 삼성그룹의 총 14개 계열사 그리고, 현대기아차 그룹의 총 8개 계열사에 대해 각각 5% 이상의 지분을 보유하고 있다. 지분율로만 따진다면 해당 그룹의 총수보다 훨씬 많은 지분을 소유한 단일 최대 주주이므로 국민연금도 당연히 의결권을 행사할 수가 있다.

국민연금의 의결권 행사는 2005년 국민연금에 주식투자가 허용된 이래 논란거리였고, 얼마 전 보건복지부 자문기관인 기금운용발전위원회가 "국내 주요기업에 투자하고 있는 국민연금의 주주가치 보호를 위해 의결권 행사도 대폭 강화하고 투자기업 경영에도 개입해야 한다"는 방침을 밝히면서 그 논란에 다시 불이 붙는다. 재벌의 소유지배구조 개혁을 추진해왔던 정책방향을 생각하면 정부의 이 방침은 어느 정도 예상된 카드였다. 정부의 방침을 적극 지지한 측은 주주자본주의를 외쳐온 시민단체나 경제민주화 세력이다. 이들은 벌써부터 국민연금에 사외이사 파견권을 주고 주주대표소송권을 부여하자고 주장해왔던 터였기 때문이다.

그러나 이를 반대하는 사람들도 많다. 이들은 국민연금의 의결권 행사는 사기업에 대한 통제를 강화하는 연금사회주의라는 점을 지적한다. 국민연금이 의결권을 행사하면 수많은 정치관료들이 낙하산을 타고 내려와 사기업에 진을 치고 사기업 경영에 개입할 것이며 극단적으로 국가/정치권력이 사기업을 지배하는 극단적인 상황도 배제할 수가 없다는 점을 지적한다. 공기업, 관변단체, 협회, 금융기관, 이익단체에는 정치관료들이 득실대면서 온 나라가 모피아, 금피아, 관피아, 해피아 논란으로 시끄러운데 연금사회주의로 가면 사기업마저 그런 논란에 휘말릴 가능성이 매우 농후하다.

연금사회주의로 가면 그 최대 수혜자는 사기업에 진을 칠 정치관료일 것이다. 고위직을 두루 거친 경험 많은 이들의 경영참여가 사기업에도 유익한 것이라 주장할지 모른다. 그러나 이들 역시 Agency Logic으로 무장한 주주의 대리인이자 100% 욕망 덩어리인 인간이다. 이들이 신경 쓰는 것은 기업이 아니라 일신의 영달이고, 기업을 위해서 일하는 것이 아니라 자신에게 낙하산을 선사한 정치권력을 위해 일할 것이다. 이들은 회사의 장기적 성장 발전을 위해 투자하며 경영하는 것이 아니라 한 번이라도 임기를 더 채우기 위해 사람을 자르며 구조조정하고 하청업체를 쥐어짜며 단기 실적을 올리는 방향으로 기업을 경영할 가능성이 매우 높다.

연금사회주의로 흘러가는 것을 막기 위해서는 의결권 행사에 관한 원칙과 기준이 우선 마련되어야 한다. 국민연금의 주인은 근로자들이고, 이들이 원하는 것은 노후대비용으로 불입한 자신들의 돈이 적정한 수익을 올리며 증식되는 것이다. 따라서 의결권 행사는 국민연금의 수익률을 제고하는 방향으로만 행사되어야 한다. 유감스럽게도 아직 우리나라는 아무런 원칙도 기준도 없고, 이런 상태에서 주주가치 보호나 투자기업 경영에 개입하겠다고 공언하는 것은 결국 단기 실적 위주의 주주자본주의에 충실하겠다는 말과 다를 것이 전혀 없다.

5. 어디로 가야 하나?

심정적으로만 보면 쥐꼬리만한 지분을 가진 재벌의 오너가 거대기업집단을 지배하며 시장권력을 행사하고 그것을 대물림까지 하는 지금의 소유지배구조를 용납할 수 있는 사람은 많지 않을 것이다. 이것이 민주주의 사회의 평등의 원칙에 어긋나는 것으로 비춰진 이상 소유지배구조의 민주화를 향한 개혁을 멈출 방법은 없다. 더구나 여야가 이구동성으로 경제민주화 체제를 외치는 오늘날의 정치현실에서 민주화라는 꼬리표가 붙어 있는 그러한 Populism의 개혁을 되돌리기도 쉽지 않다.

그러나 그 개혁이 오로지 국가의 의도나 판단만을 중시하는 경제민주화이고 또, 우리나라 자본주의체제의 역사성을 도외시한 것이라는 점을 고려하면 좀 더 신중할 필요가 있다. 무엇보다 중요한 사실은 경험적으로 보면 우리나라 오너 중심의 소유지배구조가 결코 비효율적이지 않았다는 점이다. 한국재벌의 경쟁력은 신속하고 과감한 오너경영에서 나온다는 분석이 지배적이다. 재벌의 성장 발전은 오너가

CL에 충실하여 장기적 관점에서 회사의 미래를 위해 투자하고 회사를 위해 헌신한 결과라는 주장이 많다. 오너 중심의 지배구조로 거대 재벌 그룹으로 성장한 회사는 선진국에도 많다. Apple, Google, BMW, 발렌베리 그룹이 그 대표적 사례들이다.

더욱 우려되는 것은 개혁의 배경이 SVC(이하에서는 FC 포함하는 개념으로 사용한다)라는 점이다. SVC는 소유지배구조가 민주적이다 못해 소유와 지배가 아예 분리되어 있는 체제다. 어제와 오늘의 주주가 서로 다른, 즉 주주(투자가)는 있으나 주인(Owner)은 없는 Agency 체제다. 이 체제에선 당연히 지배(CEO)가 바로 주인 행세를 한다. 그러면 지배에게 충성하는 줄서기가 횡행하고 보신주의가 팽배하는 가운데 기업의 조직은 관료주의화되기 십상이다. 그게 진전되면 조직은 분권화로 치달으며 부서이기주의가 팽배하고, 일본의 소니, 엘피디, 파나소닉의 경우처럼 문제가 있으면 종일 회의만 하지 아무도 의사결정을 하지 못하는 바람에 결국 기업만 골병드는 상황으로 치닫는다.

더 큰 문제는 Agency 체제의 한탕주의다. 기업은 망해도 자신은 망하지 않는 대리인의 유인구조에서 CEO가 자신과 그의 측근들의 영달을 위해 일해도 이를 견제, 감독, 제어할 장치가 마땅히 없다.7 두말할 필요도 없이 2008년 세계금융위기의 주인공들은 대리인의 유인구조에 충실한 기업들이었다. Lehman Brothers사(社), AIG의 파산은 위험한 투자인줄 알면서도 고수익 상품에 자산을 몰빵했던 대리인의 치명적 실패작이다. 한탕주의를 위해 장부조작을 서슴지 않았던 Enron, AIG도 이와 동일한 경우다. (전)CEO가 "현장의 세세한 부분을 알 수도 챙길 수도 없었다"고 고백했던 GM의 파산도 마찬가지다. 거대기

---

7 주인-대리인 문제는 경제학에서 Principal-Agent Problem, Hidden-Action Problem, Moral Hazard라고 한다.

업 GM에서 Agency Logic에 충실했던 CEO가 주인행세를 한 지는 20여 년도 넘었다. 그런 CEO가 노조와 한 통속이 되어 노조의 요구는 들어주었지만 장기적 안목에서 회사를 보살펴야 하는 의무는 게을리했다.

　2008년의 세계 금융위기는 SVC 체제에서 발생하였다고 해서 소유와 지배의 분리가 위기의 원인이라고 주장할 수는 없다. 그러나 기업과 함께 생사를 같이하는 주인의 유인구조가 작동하지 않는 단기실적 위주의 '탐욕의 체제', 즉 SVC 체제의 한탕주의가 위기의 원인일 가능성은 얼마든지 있다. 이런 점에서 세계금융위기는 주주의 대리인(Agency)인 지배(CEO)가 단기실적에 집착하도록 만든 민주적 소유지배구조가 연출한 한편의 비극적 드라마라 할 수 있다. 거대기업들이 망하면서 지배는 무대에서 사라져 갔지만, 그들은 적어도 수 대(代)가 잘 먹고 잘 살 수 있는 만큼 한탕을 챙긴 뒤였다. 반면에 변변한 재산도 없이 노동력에 의존하여 사는 서민과 중산층 그리고 힘없는 중소기업은 위기의 후폭풍에 골병들고 말았다. 소유와 지배의 분리에 긍정의 측면이 있다고 우기기에는 그것이 초래한 비극적 결말의 대가가 결코 무시할 수 없다는 것이 세계금융위기가 남긴 교훈이다.

경제민주화는 정치의 세상

1. 진영의 논리

돌이켜보면 경제민주화 체제는 DJ노믹스의 경우를 제외하면 직접적으로 좌편향 이념에 닿아 있지는 않았다. 시장을 규제하여 경제평등을 추구하는 것 자체가 사회주의적 이념을 구현하는 것이라 할수 있지만 경제선진화, 균형발전 등으로 포장된 경제민주화가 직접적으로 좌편향 이념에 접목된 것은 아니었다. 그러나 노무현 정부에 접어들어 정권의 사회주의적 좌편향 이념이 한국경제에 접목된다. 집권세력이 시장, 부자, 재벌을 향한 비난을 쏟아내기 시작하면서 반(反)시장, 반(反)기업의 정서가 확산된다. 이로 인해 경제민주화는 선명한 이념의 색깔을 띠며 진보세력의 가치를 상징하는 정책으로 즉, 분배, 서민, 중소기업을 위한 정책으로 자리 잡는다.[1] 당연히, 그 반대편의 친

---

[1] 이것이 서구사회에서 경제민주화가 주로 좌편향의 학자에 의해 주창되는 이유이고, 학문적으로도 논의의 대상이 되지 않는 이유이다.

시장의 정책은 보수진영의 가치를 대변하는 정책으로, 즉 성장, 부자, 재벌을 위한 정책으로 간주된다.

양 진영의 가치가 이처럼 확연하게 구분된 것은 노무현 정부의 이분법적 사고 때문이다. 이분법적 사고가 경제문제를 적과 동지의 관점에서 바라보게 만들면서 경제민주화에 대한 양 진영간의 입장차이는 적과 동지의 간극만큼이나 극명하게 엇갈리고, 이것이 경제의 양극화 구도와 맞물리면서 둘 간의 간극은 더욱 벌어진다. 결국 "분배 대 성장", "서민 대 부자" 그리고 "중소기업 대 재벌"의 대결구도가 형성되며 양 진영은 첨예하게 대립한다.

양 진영의 가치가 충돌로 이어진 계기는 2008년 미국 투자금융회사 '리먼 브라더스'사의 파산으로 촉발된 미국발 세계금융위기다. 위기의 지원지인 미국경제가 급전직하며 침체의 늪으로 빠진 것은 물론이고 우리나라를 포함하여 인도네시아, 태국, 인도 등 신흥개발도상국들은 외환위기에 처하는 등 세계경제가 위기상황으로 치닫는다. 미국과 EU는 경제학 교과서에도 등장하지 않는 양적완화(Quantity Easing: QE)를 동원하여 금융시장에 천문학적인 돈을 푸는 한편 기준금리를 거의 제로 수준으로까지 끌어내리며 위기극복에 나선다.[2] 이명박 정부 역시 비틀대는 한국경제를 떠받치기 위해 감세와 규제완화로 상징되는 친시장정책, 즉 business friendly정책을 펼치며 세계금융위기에 대응한다.

---

2 결과적으로 보면 위기극복은 개입주의자의 주장을 따른 것이지만, 시장에 맡겨두어야 한다는 시장주의자의 비판도 만만치 않다. 이와 같은 견해의 차이는 위기발생의 원인이 서로 엇갈리기 때문이다. 시장주의자는 금융시장에 대한 관리 감독을 등한시 한 정부(금융감독당국)의 실패를, 그리고 개입주의자는 금융규제완화에 따른 시장의 실패를 각각 위기의 원인으로 지목했다. 그러나 위기극복을 위한 각국 정부의 피나는 노력에도 불구하고 세계금융위기의 원인과 해결방안이 불분명한 것만큼이나 세계경제는 여전히 안개 속을 거닐고 있는 것으로 판단된다.

그러나 진보세력은 한국사회에 널리 퍼진 좌편향 경제인식을 배경으로 이명박 정부가 펼치는 이 친시장정책에 대해 사사건건 반대한다. 세금인하는 부자를 위한 것이고, 출자총액제한제도의 폐지는 재벌을 편드는 정책이라 주장하며 벌떼처럼 달려들며 맹공을 퍼붓는다. 미국산 쇠고기를 먹으면 광우병에 걸린다며 광화문 광장을 메운 촛불사태는 진보세력의 맹공을 알리는 서곡에 불과했다. 진보진영은 수도권규제완화를 반대하고, 환경파괴를 빌미로 4대강 사업을 반대하며, 한미 FTA 결사 반대를 외친다.

게다가 세계금융위기 이후의 국내 경제상황도 진보세력의 논리에 힘을 실어주는 방향으로 전개됐다. 세계금융위기는 우리나라의 외환위기의 가능성을 높였고, 이에 따라 대미달러 원화환율은 고공 행진을 거듭한다. 원화의 가치가 하락함에 따라 삼성, 현대 등 일부 수출 대기업은 두 자릿수의 수출증가율을 기록하면서 호황을 구가한 반면 그에 납품하는 중소기업은 고환율에 따른 호황의 혜택을 누리지 못한다. 수출대기업이 이미 자본집약적 산업구조로 바뀐 탓에, 수출이 늘어도 고용과 소비는 그에 상응하여 늘지 않는 등 수출의 적하효과 (trickle-down effect)도 예전보다 많이 떨어졌다. 이런 상황을 놓고 진보세력을 중심으로 "재벌 대기업만 성장의 과실을 독차지 한다"거나 "재벌 대기업이 성장해도 고용은 늘지 않는다"는 등의 루머성 주장이 퍼진다.

그 결과, 당초 집권세력이 내세웠던 친시장정책은 그 집행이 어렵게 되거나 아니면 아예 반쪽짜리로 변하며 사실상 추진동력을 상실한다. 마침내 중도를 외쳤던 이명박 정권마저 공정사회를 부르짖으며 서민과 중소기업을 위한 경제민주화로 방향을 틀기에 이른다. 초과이익공유제를 들고 나와 한동안 부산을 떨다 동반성장위원회를 관철함

으로써 중소기업적합업종을 선정하여 대기업의 사업영역을 제한하기
에 이른다. 중소기업적합업종제도는 중소기업의 먹잇감을 챙겨주는
경제민주화의 일환이지만, 중소기업은 영원이 중소기업에 머물라는
일종의 저주 같은 제도이다.

2. 정치의 세상으로

이명박 정권이 이처럼 경제민주화로 방향을 틀 수밖에 없었던
이유는 무엇보다 표를 쫓는 정치권력의 속성 때문이다. 2012년 말 현
재 우리나라의 전체 기업수는 총 360만여 개이고 이 중 재벌 대기업
은 전체의 약 0.1%인 2,800개 정도이고 나머지 99.9%는 모두 중소기
업이다. 2013년 말 기준으로 사업체 전체 근로자의 약 85%인 1,271
만여 명이 중소기업에 근무한다. 이 경제구조를 통상적으로 9988(구
구팔팔)의 경제구조라 부른다.[3] 이 구조하에서 정치세력은 서민, 중산
층 그리고 중소기업을 거들고 나서지, 1%에도 미치지 못하는 재벌
대기업과 그 오너들을 절대 편들지 않는다. 이는 권력쟁취가 최상의
목표인 정치의 세상에서 경제민주화가 Populism의 규제로 변모하는
이유다.

대표적 Populism은 9988의 밥그릇 챙겨주기다.[4] 예를 들면, 골목
상권을 보호하기 위한 대형마트 강제휴무, 중소기업적합업종제도, 반경
500미터 이내 신규 피자집, 프랜차이즈 빵집 그리고 커피전문점의 입점

---

3 중소기업 근로자의 비중이 88%에 달한 적이 있어 편의상 단순히 9988이라 불린다.

4 국가가 특정 이해당사들의 입장을 보호하기 위해 규제한다는 규제의 사익설(私益說)이
  그 배경 논리다.

금지 등이다.5 먹고 사는 것은 언제나 사람들의 가장 큰 걱정거리이자 관심사로 이기적 인간의 원초적 본능과 직결된 문제다. 정치세력은 사람들의 이 본능을 자극하여 유권자의 표심을 사며 정치권력을 거머쥐려 한다. 밥그릇 챙겨주기는 특정 사업자/경쟁자의 이익을 챙겨주기 위해 국가가 전능한 심판자가 되어 경쟁을 제한하는 것이다. 시장이 스스로 하는 일을 국가가 대신 맡고 나섬으로써 국가는 밑도 끝도 없는 밥그릇 쟁탈전에 개입해야 할 처지에 놓이고 말았다. 말하자면 물고기를 잡는 법을 가르쳐준 것이 아니라 물고기를 대신 잡아줌으로써 앞으로도 계속 그 일을 할 수밖에 없는 상황으로 내몰리고 있는 것이다.

3. 자본주의의 체제적 과제로

정치의 소용돌이 속으로 빠져든 경제민주화는 마침내 자본주의 체제의 문제로 비화된다. 그 배경을 살피기 위해서는 2011년 7월 미국 뉴욕의 맨해튼에서 터진 "Occupy Wall Street('반(反)월가')" 시위로 거슬러 올라가야 한다. 이 시위는 처음 "이익은 사유화하고(두둑한 보너스와 스톡옵션을 챙기고) 비용은 사회화"하는 미국 월가의 대형금융기관들에 대한 반감에서 시작됐다. 정부의 세금(구제금융)으로 기사회생한 대형금융기관들이 다시 보너스 잔치를 벌이자 시민들이 이를 부도덕한 행위라 규탄하며 시위에 나선 것이다.

미국의 대형금융기관을 겨냥한 시위는 점차 시간이 지나면서 자

---

5 누가 공급(생산)할지를 국가가 결정하는 것은 "경제는 국가가 주도한다"는 List의 주장에서 비롯된 것으로 모든 사람에게 혜택이 돌아가는 소비자의 관점에서 경제를 재단한 것이 아니라 특정 사람들에게 혜택이 돌아가는 생산자의 입장에서 경제를 바라본 결과이다.

본주의체제를 공격하는 쪽으로 방향을 튼다. 시위에서 가장 많이 등장한 구호는 "우리는 99%를 대변한다"였는데, 이는 반(反)월가 시위가 1%:99%로 상징되는 자본주의체제의 빈부격차를 규탄하는 시위로 변질되었음을 말해준다. 시위는 특히 지난 1980년대 이래 세계의 지배적 경제질서였던 신자유주의가 1% 부자의 배만 불리고 나머지 99%를 가난한 자로 만드는 '탐욕의 체제'라 비난하며 자본주의체제의 개혁을 촉구하게 된다.

시위대가 대중의 공감을 얻으면서 LA, 보스톤 등 미국의 대도시를 넘어 전 세계로 번져갔다. 그러나 확산되는 듯하던 시위는 시작된 지 채 4개월도 안 된 지난 2011년 11월 경찰에 의해 강제 해산되면서 사실상 막을 내린다.

시위는 막을 내렸지만 불똥이 크게 튄 곳은 태평양 저 너머의 한국이었다. 우리나라 재벌 및 대기업 중심의 경제구조가 시위에 등장한 1%:99%의 문제로 비춰진 때문이었다. 그렇지 않아도 반(反)재벌, 반(反)기업, 반(反)시장의 좌편향의 경제인식이 만연해 있었던 터였는데, 반월가 시위가 그 문제를 지적하고 나섬으로써 정치권의 관심이 본격적으로 경제민주화에 집중되기 시작한다. 비상이 걸린 곳은 그동안 경제민주화에 대해 유보적인 태도를 취해왔던 새누리당이었다.

2012년 4월 국회의원 선거가 코 앞으로 다가오자 마침내 새누리당은 그간 진보의 전유물로 간주돼 온 경제민주화를 전격적으로 수용하며 지지로 선회한다. 이 변화를 주도한 중심인물은 통합민주당 쪽의 인사로 알려진 김종인이었다. 그는 우리나라 헌법 제119조 ②항에 '경제의 민주화'를 명문화하는 데 주도적인 역할을 한 것으로 알려진 인물로 자신의 정치적 정체성을 바꾸면서까지 새누리당의 등에 올라타 경제민주화를 다시 들고 나왔던 것이다.

그는 한 언론과의 인터뷰에서 "새누리당 정강 정책에 경제 민주화 조항을 넣기로 했는데, 나는 별로 대단한 것이라 보지 않는다. 헌법에 나와 있는 걸 새누리당이 정강 정책에 받아들인 것뿐"이라고 했다. 그러면서 그는 더 나아가 경제 민주화를 실천에 옮길 수 있는 인물이 의회에 포진해야 한다고 주장했다. 실제로 그의 의견을 반영하여 새누리당의 정강이라 할 수 있는 "국민과의 약속"에 경제민주화를 명시하는 조항이 들어섰다.

새누리당 국민과의 약속

(기본정책) 3-1 (공정한 시장경제질서 확립을 통한 경제민주화 실현)

시장경제의 효율을 극대화하고 공정하고 투명한 시장경제질서를 확립하기 위한 정부의 역할과 기능을 강화하여 경제민주화를 구현한다. 시장경제의 장점을 살리기 위해 경제세력의 불공정거래를 엄단하여 공정한 경쟁풍토를 조성한다. 이와 함께 대기업과 중소기업간에 공정경쟁과 동반성장을 촉진할 수 있는 제도적 기반을 확대한다. 개인과 기업의 자유와 창의를 최대한 존중하여 근로의욕과 기업가 정신을 고취하고 모든 사람이 타고난 재능을 한껏 발현할 수 있도록 한다. 각 주체들은 사회구성원의 일원으로서 사회통합과 사회발전을 위해 책임과 의무를 성실히 수행하도록 한다. 국제표준에 입각하여 불필요한 규제를 철폐함으로써 국내·외 기업들이 자기책임원칙 아래 세계를 무대로 마음껏 활동할 수 있는 기반을 마련한다. 세계화 추세에 발맞추어 시장을 개방하고 자유무역협정 체결을 단계적으로 확대한다.

통합 민주당 강령/정강 정책

(전문) 이러한 당면문제들을 해결하기 위해 우리는 다음과 같은 목표를 추구할 것이다. 첫째, 정의와 연대의 가치를 추구하고, 사람과 노동의 가치를 존중하며, 국민 모두에게 혜택이 골고루 돌아가는 경제민주화를 실현한다.

(강령) 1. 경제활동의 성과가 국민 모두에게 골고루 돌아가는 경제민주화 실현

우리는 당면한 사회경제적 양극화를 해소하기 위해 공정한 시장경제의 확립이 필요하며 재벌과 대기업에 대한 근본적 개혁이 필요하다는 데 인식을 공유한다. 기업의 사회적 책임을 강화하고, 조세정의를 실현하며, 부동산 투기 등으로 인한 불로소득을 근절하는 경제민주화 정책을 실현한다. 중소기업과 소상공인, 자영업자에 대한 지원을 강화하여 좋은 일자리를 창출하고 성장의 기반을 확충한다.

새누리당은 통합민주당이 자신들의 정책을 베꼈다고 주장하는 비난에도 불구하고 2012년 12월 마침내 경제민주화를 대선 공약으로 확정한다. 통합민주당의 정강정책에는 이미 경제민주화가 제시되어 있었던 터라 이것이 대선 공약이 되는 것은 당연한 일이었다. 보수진영 일부에서는 새누리당이 변심하였다고 지적하였지만, 한국사회에 널리 퍼진 좌편향의 경제인식 아래서는 새누리당은 다른 선택의 여지가 없었다고 할 수 있다. 경제민주화를 외쳐야만 정권을 잡을 수 있는 현실의 정치 앞에선 자유시장경제의 가치란 언제든지 버릴 수 있는 가벼운 패일 수밖에 없었다.

이처럼 새누리당마저 경제민주화에 동참하는 상황이 전개됨에 따라 한국경제는 본격적인 경제민주화 체제로 편입된다. 경제민주화는 이제 더 이상 진영의 논리에 의해 좌우되는 찬반의 과제가 아니라, 오로지 정도의 문제만을 남겨 둔 그리고 정치세력 모두가 앞 다투지 않을 수 없는 한국경제의 체제적 과제로 부각된 것이다. 그 중심 과제는 물론 '탐욕의 체제'의 상징적 존재인 1%의 재벌 및 대기업 문제였다. 이외에도 한국경제 대부분의 현안들, 즉 갑을 문제, 소득분배, 양극화, 대기업과 중소기업의 동반성장, 수도권과 지방의 균형성장, 복지나 비정규직 문제 그리고 반값 등록금 등 모두가 체제적 과제에 이름을 올리며 경제민주화의 반열에 오르게 된다.

그 중에서도 영순위의 해결과제는 재벌의 시장권력이었다. 재벌그룹은 거대한 조직, 인적자원, 네트워크, 그리고 천문학적인 자금을 주무르는 막강한 시장권력의 실체다.6 재벌그룹은 수많은 하청업체와 협력업체의 생사여탈권을 거머쥐고 있는 수퍼 '갑'의 존재일 뿐만 아니라 자신들의 우월적 지위를 이용하여 국내의 경쟁 상대를 무력화시키며 사실상 국내시장을 지배할 수 있을 정도의 시장지배력을 갖고 있다. 재벌은 글로벌 시장을 무대로 시장권력을 키워왔고, 그 영향력은 경제계를 넘어 정치계, 관계, 법조계, 언론계 등 우리사회에 전방위적으로 뻗쳐있다. 시중에서 대한민국은 '삼성 공화국'이라 불릴 정도로 재벌이 휘두르는 시장권력은 막강하다. (고)노무현 대통령이 "권력은 이미 시장으로 넘어갔다"고 지적할 정도여서 시장권력은 벌써부터 정치권력의 주목을 받아왔던 터였다.

그동안 시장권력을 견제하기 위한 각종 입법은 탄력을 받으며 추진되어 왔다. 지난 2013년 5월, 원사업자의 부당한 단가 인하와 발주 취소, 반품 행위에 대해 최대 3배까지 손해배상을 물리도록 하는 소위

---

6 세계 500대 기업(2012년 Fortune Global 500 기준)을 보면, 삼성전자는 14위, SK는 57위, 현대차 104위(2012년) 등이다.

경제민주화 제1호 법안으로 불려온 '하도급법' 개정안이 통과되었다. 2013년 7월 2일에는 더디어 소위 말하는 경제민주화 3법이 국회를 통과했다. 그룹사간 일감 몰아주기를 규제하는 '공정거래법' 개정안, 산업자본의 은행자본 보유한도를 현행 9%에서 4%로 줄이는 '금융지주회사법·은행법' 개정안(금산분리강화법안), 그리고 사업자단체에 협상권을 부여하고 24시간 강제영업을 금지하는 등의 내용을 담은 '가맹사업거래의 공정화에 관한 법률' 일부 개정 법률안(프랜차이즈법) 등이 바로 그것이다.

지금 국회에 계류 중인 경제민주화 관련 법안은 약 60여 개에 이르는 것으로 알려져 있고, 앞으로도 이와 유사한 법안들이 등장할 가능성이 높다. 보수나 진보의 색깔의 정도에 따라 경제민주화의 강약이 조절될 수 있는 여지가 있을지는 몰라도, 여전히 어떤 경제민주화가 튀어나올지 종잡을 수 없다.

경제는 시장이 하는 거야!

1. 한국경제 어디로 가나

　　레세-페르의 철학은 개발연대의 관치경제에도 녹아들었다. 개발연대는 개혁과 개방으로 규제를 혁파하고 시장을 닮은 경쟁적 유인구조를 도입함으로써 정부의 경제개입이 난무하던 자유당 시절의 구시대 시장질서를 타파하여 기업과 개인의 자유로운 경제활동을 최대한 보장하는 시장중심의 체제를 구현하였다. 지원, 보호, 육성으로 대표되는 관치경제가 한국경제의 도약에 중요한 역할을 한 것은 부인할 수 없는 사실이다. 그렇지만 큰 흐름에서 보면, 당시 성장제일주의의 본질은 역대 어느 정권보다도 시장친화적인 경제질서를 구축함으로써 기업가 정신이 넘쳐나게 만들었던 시장제일주의였다고 할 수 있다.

　　그러나 유감스럽게도 관료들은 개발연대의 성공을 지원, 보호, 육성에 의한 "정부주도의 성공신화(神話)"로 오해하면서 도리어 관주도의 체제를 고수한다. 마치 예전의 성공신화를 재현하려는 듯 국가는 경제에 사사건건 개입하고 간섭한다. 한국경제는 관료들의 국가관이 투영된 경제질서로 변모되기 시작하고, 그 이후 정치의 의중을 반영한 경제민주화가 본격적으로 추진되면서 한국경제는 사실상 관치와 정치에 의해 끌려간다. 이로써 한국경제는 지난 1980년 이래 국가권력이 경제에 개입하고 간섭하는 구시대의 시장질서, 국가주도의 "앙시앙 레짐"으로 후퇴하며, Chapter 3~8에서 고찰한 것처럼 시장개혁, 경제선진화, 경제의 균형발전 등 여러 형태의 경제민주화를 쏟아낸다. 즉, 국가가 경제를 키우고 관리한다는 망령에 사로잡혀, 일인당 국민소득이 겨우 2,643달러에 불과하던 개발도상국 시절의 재벌 대기업이 웃자랐다면서 규제하기 시작한 것을 필두로, 경제선진화를 구현한다면서도 선진국 어느 나라에도 유행하지 않았던 경제민주화를 밀어붙이는가 하면 시장/민간주도의 경제를 외치면서도 계속 국가의 귀중한 자원과 에너지를 경제민주화에 쏟아 붓는다.[1] 그 시절의 재벌 대기업은 국제수준에서 보면 정말 보잘것없는 소규모 기업이었으나 관치의 잣대로는 그게 대기업이었던 모양이다.

   그 결과 <그림 9-1>에서 보는 것처럼, 자료가 집계된 1986년 이후부터 오늘날까지 우리나라의 규제는 예외 없이 모든 산업에서 지속적으로 증가하면서 대한민국은 마침내 규제공화국의 오명을 뒤집어쓰게 된다. 국제적 기준으로 봐도 규제공화국의 위상이 증명된다. 우리나라는, WEF의 '2014-2015 세계 경쟁력' 조사결과에 따르면, 제도

---

1 자본주의의 역사가 수백 년이 넘은 서구사회에선 경제민주화가 잘 목격되지 않는다. 왜냐하면 서구사회는 자본주의체제를 국가가 만든 인위적인 질서가 아니라, Hayek가 설파한 것처럼 대체로 '자생적 질서'로 받아들여졌고, 그 결과 극소수의 좌파단체를 제외하면 경제민주화를 주장하는 세력은 없다. 경제의 불평등은 시장경쟁의 자연스러운 결과이고 따라서 1원(1주) 1표의 자유시장경제체제 그 자체가 바로 서구사회의 경제민주화인 것이다. 물론 서구사회는 우리와 같은 급격한 산업화 및 민주화 과정을 거치지도 않았으니 시장질서가 비민주적 독재체제의 잔재로 인식될 여지도 없었다.

경쟁력 부문에 있어서는 조사대상 144개국 중 그 순위가 82위에 오를
정도로 규제가 극심한 나라가 되었다. 규제가 이처럼 갈수록 늘어난
사실은 경제민주화 체제의 속성을 봐도 알 수 있다. 경제민주화는 시
장의 유인구조를 망가뜨려 성장잠재력을 훼손하는 강력한 규제이고,
따라서 경제민주화가 추진되면 오히려 경제의 불평등은 커진다. 이
불평등을 시정하기 위해 다시 경제민주화가 필요하므로 규제는 계속
늘어나게 돼 있다. 한번 시작된 경제민주화는 계속될 수밖에 없다는
점에서 마약 같은 규제라 할 수 있다.

   오랜 세월 시장경제의 기본을 외면한 채 구시대의 경제민주화 체
제를 고수함으로써 한국경제는 비싼 대가를 치러야 했다. <그림
9-1>에서 보는 것처럼, 1990년 대 초반까지만 하더라도 8%대를 웃

▸ 그림 9-1   한국경제 어디로 가나?

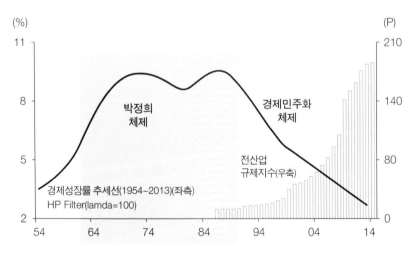

자료: 성장률, 한국은행
   전산업 규세지수(2008년=100), 2014년 1/4분기 국·내외 규제 동향지,
   행정연구원 2014

돌던 한국경제의 잠재성장률이 추세적으로 꼬꾸라지며 2013년 말 현
재 약 3%대 중반으로 내려앉는다. 그 도중에는(1997년) 우리의 경제주
권을 IMF에 내어주는, 결코 되풀이해서는 안 되는 참담한 외환위기도
겪게 된다. 관주도의 경제민주화가 추세하락과 위기를 초래한 유일한
요인은 아니지만 시장의 유인구조를 망가뜨린 초강력 규제를 견뎌낼
수 있는 시장경제는 이 세상 어디에도 없다는 점에서 그런 결과는 피
할 수 없는 경로였다.

　　한국경제는 2010년 한 때 잠시 반등한 경우를 제외하고, 2008년
이후 내리 5년 동안이나 3%대 이하의 낮은 성장률을 기록하며 비실대
고 있다. 이런 저성장 기조로 인해 오늘날 우리나라는 청년실업, 불평
등 및 양극화 심화, 비정규직 증가, 가계부채 증가, 자영업자 쇠락 등
여러 경제문제로 고전하고 있다. 전문가들의 분석에 따르면, 지금의 추
세하락이 이어지면 한국경제는 2030년을 전후로 잠재성장률이 1% 아
래로 추락하며 정체상태로 진입하는 위기상황이 도래할 수 있다.[2]

2. 시장중심의 경제로

　　한국경제를 일으켜 세우기 위해서는 시장중심의 체제로 되돌아
가야 한다. 요소투입에 의존하던 박정희 체제에서도 시장중심의 경제
로 성공하였는데, 하물며 요즈음 시대에는 레세-페르의 시장경제는
더 강조할 필요가 없는 분명한 선택이다. 정부가 시장을 지시/통제하
고 개입하며 시장 위에 군림하는 구시대의 체제로는 기술혁신과 산업

---

[2] 1%p의 성장률만 하더라도 우리의 손자/손녀들이 살아갈 100년 뒤 한국의 경제력은 무
　려 2.7배까지 차이가 나는 엄청난 성장률의 변화다.

의 융복합 현상이 급속도로 일어나는 오늘날의 경제환경을 결코 따라잡을 수 없다. 산업현장에서는 기계산업의 결정체라 불리는 자동차가 전장부품(전자장비부품) 비중이 날로 커지며 전자화, 소프트화되고 있으며, 핀테크 산업이 부상하고, 실리콘 밸리의 IT기업들이 바이오 산업으로 줄달음 치는 등 변화의 소용돌이가 몰아치는 중이다. 따라서 기업이 치열한 국제경쟁을 뚫고 급변하는 경제환경을 헤쳐나가며 스스로 성장 발전할 수 있도록 레세-페르로 운신의 폭을 넓혀 주어야 한다.

자유시장경제로 나아가기 위한 개혁과제는 이 책 한 권으로도 부족할 만큼 수도 없이 많다. 다만, 여기서는 시급히 철폐해야 하는 자본규제(재벌규제와 수도권 규제), 노동규제 그리고 금융규제를 중심으로 살펴보기로 한다.

첫째, 경제민주화, 즉 시장개혁, 경제선진화 그리고 국토의 균형발전을 명분으로 추진된 재벌규제는 1980년 이래로 재벌 대기업의 성장, 사업구조, 사업영역, 지배구조, 기업경영 그리고 시장권력 등 거의 분야를 규제하여 왔다.3 재벌규제는 "단지 성장하였다는 사실을 벌주는" 악질 규제이자 발전역행적인 규제이다. 따라서 그간 재벌규제에 동원되었던 공정거래법은 본연의 취지에 맞게끔 소비자의 후생이 최우선적으로 고려되는 경쟁법 성격의 법으로 전면적으로 개정하여야 한다. 특정 경쟁자/사업자(중소기업, 골목상권 등)를 보호할 것이 아니라 경쟁을 보호하는 데 초점을 맞춘 법령으로 거듭나야 하는 것이다. 특

---

3 정부의 명분은 경제민주화였다. 즉, 재벌의 성장규제는 완전경쟁에 가까운 평등한 경제질서를 구축하기 위한 것이고, 주력업체제도니 입종선문화제도 전문화를 통해 기업의 효율을 높여 경쟁력을 강화하는 것이며, 소유지배구조의 민주화는 기업경영의 투명성을 확보하고 글로벌 스탠다드를 따르기 위한 것이고 그리고 순환출자구조의 해소 금산분리의 원칙을 지키기 위한 것이다.

정 사업자를 보호하는 것은 다른 사업자의 권리, 자유, 이익을 침해하는 것이라는 점에서 시장의 인센티브에 역행하는 즉, 인간의 본성에 역행하는 정책이다. 정말 경제선진화를 하고 싶으면 이것부터 선진국의 추세를 따라 경쟁법으로 바꿔야 한다. 재벌을 규제하는 데 동원된 금산법 제24조도 본래의 취지인 금융구조조정에 맞춰 개정하거나 아니면 이 참에 폐지해야 한다.

둘째, 국토의 균형발전을 명분으로 추진된 수도권규제는 대기업이 수도권에 지역에 공장을 증설하거나 신설하는 것을 가로 막는 규제다. 이 역시 "단지 성장하였다는 사실을 벌주는" 악질 규제이자 발전역행적인 규제이므로 철폐 영순위다. 대기업은 수도권정비계획법상 (1982년 제정) 공장부지면적이 3만㎡ 이하로 제한되어 있어 성장해도 사업장을 늘릴 수가 없다. 성장하지 않거나 아니면 수도권 이외의 지역이나 해외로 나가라고 윽박지르는 터무니 없는 규제다. 사업의 ABC를 무시하는 규제로 선진국에서도 유례를 찾기 힘든 것이다.

수도권규제는 단순히 토지가 수도권에 있다는 이유만으로 이용을 규제하는, 사유재산권을 침해하는 것으로 자본주의의 근간을 흔드는 규제다. 또 달리 보면, 새로운 산업의 출현을 가로막는 규제나 마찬가지다. 예를 들어 보면, 셰일가스 혁명이 유럽이 아닌 미국에서 먼저 일어난 것은 미국이 사유(토지)재산권을 더 철저히 지켰기 때문인 것으로 분석되고 있다. 유럽이 환경오염을 명분으로 토지사용에 제동을 걸고 머뭇거리는 사이 미국은 발 빠르게 대응하여 경쟁자들을 따돌리면서 제조업 부흥의 깃발을 높이 들었다. 다행히 현정부가 2015년 내로 수도권규제를 폐지하겠다고 공언하였지만, "비수도권 다 죽는다"며 덤벼들 비수도권 정치세력의 반발을 어떻게 극복하느냐가 관건이다.

셋째, 노동규제의 핵심은 정규직의 해고를 사실상 불가능하게 만들어 놓은 제도다. 노동의 유연성을 떨어뜨리는 이 제도는 노동시장의 왜곡을 심화시키는 주범이다. 막강한 노조권력을 배경으로 정규직이 철밥통을 꿰차는 사이, 힘없고 서러운 비정규직만 양산됐다. 현대차 오른쪽 바퀴는 정규직이 달고 왼쪽 바퀴는 비정규직이 단다는 우스개 소리가 유행할 정도로 비정규직은 일상화되었다. 전체 근로자의 약 1/3에 달하는 600만여 명의 근로자가 비정규직이지만 그 처우는 정규직의 많아야 70% 수준에 불과할 정도로 열악하다. WEF의 조사에 따르면 우리나라는 노동시장의 효율성 측면에서 조사대상국 중 86위를 기록할 정도로 노동시장의 경쟁력이 취약하다.

정부는 4대 부문(고용, 노동, 교육, 금융부문) 개혁의 일환으로 노동개혁을 추진 중이다. 노동개혁은 사용자, 정규직, 비정규직, 노조, 정부 등이 대타협을 이뤄야 하는 지난한 과제다. 그 중에서 비정규직 문제는 정규직의 양보가 있어야만 풀릴 수 있는 문제다. 노사간의 평등한 관계를 요구하는 정규직 노조가 정작 노노간의 평등한 처우를 요구하는 비정규직의 외침을 외면하는 것이 문제를 계속 꼬이게 만들고 있다. 노노간의 갈등을 야기하는 철밥통을 내려 놓고 동일노동, 동일임금의 원칙을 수용하는 것만이 진정한 노동의 경제민주화를 실현하는 길이다.

넷째, 서비스산업은 규제가 넘치는 대표적 분야다. 서비스산업은 우리나라 GDP의 약 60%, 고용의 약 70%를 담당하는 중요 산업이지만 생산성이 제조업의 약 44%(한국생산성본부, 2012년 기준)밖에 되지 않는다. 규모가 영세한 업체들이 대부분이고 시장의 구조도 복잡하며 전근대적이기 때문이다. 규제개혁위원회의 분석에 따르면 서비스업 분야의 등록규제(주된 규제, 2014년 2월 3일, 기준)는 약 3,600여 개로 제조업의 약 10배에 이른다. 이처럼 서비스산업은 규제가 그물망처럼 촘촘하고 그 중 상당수의 규제가 정치적·이념적 이해관계로 복잡하게 얽혀 있는 경제민주화가 많아 규제혁파가 제일 힘든 분야다. 정부는 지난 수년간 20여 차례 이상이나 서비스산업을 신성장동력으로 인식하고 개선방안을 내놓았다. 그러나 규제개혁보다는 주로 육성, 지원, 보호에 정책의 초점이 맞춰져 있어 큰 성과를 내지 못했다. 어느 피자체인점 CEO는 매출액이 200억원이 넘으면 대기업으로 분류되어 각종 규제가 쏟아지는 한국을 피해 사업을 확장하러 중국으로 진출한다는 발언을 하였을 정도로 규제가 서비스산업의 성장 발전을 저해하고 있다.

그 서비스산업 중에서도 규제가 가장 극심한 분야는 금융보험업종이다. 개발연대 관치금융의 본산이자 관피아의 원조인 모피아가 탄생한 곳이다. 이 업종의 경우 등록규제만 해도 약 700여 개다. WEF의 자료에 따르면 우리나라 금융시장 경쟁력은 144개국 중 80위로 매우 취약하다. (전)금융위원장이 "관은 치하기 위해 존재한다"고 자랑스럽게 내뱉은 말은 규제가 금융산업의 성장 발전을 가로막는 주범이라는 사실을 간접적으로 증명하는 궤변이다. 펀드 하나 가입하는 절차가 30분 이상이나 걸리는 숨막히는 금융규제와 관치의 그늘 아래서 우리나라의 금융산업은 세계 10대 제조대국의 위상에 전혀 어울리지 않을 정도로 낙후돼 있다. 영혼 없는 관료들이 사후적·거시적 목적의 관리감독과 사전적·미시적 목적의 (시장)규제를 구분하지 않음으로써 우리의 금융산업은 선진국과의 간극만 계속 벌어지고 있는 중이다.

선진국에서 한창 성업 중인 핀테크(FinTech: 금융·IT 융복합형) 산업이 우리나라에서 여태껏 그 모습을 드러내지 못한 것도 모두 금융규제 때문이다. 우리나라는 초고속 통신망이 전국에 깔려 있고 어디로 가나 Wi-fi가 빵빵하게 터지는 분명한 인터넷 강국이다. 인프라가 이처럼 잘 갖춰져 있지만 불행히도 우리의 금융제도는 여전히 오프라인 중심으로 짜여 있어 금융의 온라인화, 모바일화 추세를 따라가지 못했다. 미국의 Paypal(1998년 설립), 중국의 Alipay(중국회사, 2004년 설립)는 자신들의 영토를 넘어 세계시장을 넘볼 만큼 성장 발전하고 있는 와중에도 우리나라의 금융당국은 강 건너 불구경하듯 팔짱만 낀 채 아무 일도 하지 않았다.

　　금융산업은 서비스산업 중 국민경제적 비중이 가장 큰 분야고, 따라서 성장동력의 확충을 위해 시급히 그리고 과감하게 규제를 풀어야 할 분야다. 정부가 그동안 줄곧 강조하며 역점을 둬온 경제선진화가 가장 절신한 산업이자 반드시 글로벌 스탠다드를 따라야 할 대표적 분야다. 영국의 금융혁명을 이룬 빅뱅(1988)이나 세계금융의 지형을 바꾸어 놓은 미국의 금융현대화법(Gramm-Leach-Bliley Act) 같은 대대적이고 혁신적인 변혁이 필요한 분야다. 금융산업이 정작 성장, 발전하려면 금산분리 정책을 포함하여 시대착오적인 얽히고 설킨 낡은 금융규제를 선제적으로 철폐하여야만 한다. 지난 2014년 12월 금융위원장이 금융제도를 온라인, 모바일 추세에 맞춰 재편하여 핀테크 산업, 인터넷은행 등 관련 업체와 산업에 대한 지원을 대폭 늘리겠다고 발표한 것은 늦었지만 다행이다. 그러나, 최근 쟁점이 되고 있는 핀테크 산업에 대기업의 참여를 제한한다는 보도가 있는 것으로 봐서 아직도 정신을 못 차린 모양이다.

　　그런데 금융산업은 좀 더 전향적으로 국가개조의 차원에서 규제의 체계를 지금의 열거주의(포지티브)에서 포괄주의(네거티브) 방식으로의 전환할 필요가 절실한 분야다. 금융기업들이 할 수 있는 것만 나열되어 있는 지금의 열거주의로는 기껏해야 "손톱 밑의 가시빼기"처럼 규제개혁 과제를 하나씩 개별적으로 해결할 수밖에 없다. 그런 식의 개혁은 해봐도 소용이 없다는 것은 "동북아 금융허브 추진전략"이 이미 증명하였다. 그 전략을 한번 읽어보면 관주도의 망령이 어떤 것인지 그리고 그 증상이 얼마나 심각한지를 쉽게 알 수 있다. 미국 및 영국이 세계의 금융산업을 주무르고 그리고 전세계 금융기업의 아시아 지역본부 대부분이 싱가포르나 홍콩에 있는 것은 이들 나라 모두가 포괄주의를 채택한 때문이다. 세계를 무대로 활동하는 금융계의 삼성이 출현하고 현재 약 4~5% 정도에 불과한 우리 금융산업 성장기여율이 미국(8%)이나 영국(15%)처럼 올라갈 수 있도록 점진적으로 법령체계를 포괄주의로 나아가야 한다.

3. 저항세력의 벽

위에서 제시한, 자유시장경제를 위한 여러 개혁처방은 법령의 제정 및 개정을 수반하므로 결국 정치권이 풀어야 하는 과제다. 정치적 합의 및 이해 당사자간의 동의가 전제되어야 하고 또 그 중 상당수는 정권의 집권기간 내에 실현하기 어려운 중장기적 개혁과제가 많다. 특히, 가치관이 충돌, 대립하고 정치적 이해관계가 엇갈리는 경제민주화가 제일 문제다. 모두가 골고루 잘사는 평등한 세상을 꿈꾸는, 정의롭고 도덕적인 정책으로 포장되어 있는 경제민주화는 규제의 몸통이다. 경제민주화는 중소기업, 서민 등 다수를 위한 정책이고 그 반면 규제혁파는 소수의 대기업, 시장, 성장, 부자를 편드는 정책으로 각인된 지 이미 오래다.

지금 집권당은 용감하게도 정치적 위험을 무릅써가며 경제민주화를 용도 폐기 처분 중이지만 역설적에게도 2015년에도 10여 개에 이르는 경제민주화 법안들이 줄지어 시행될 예정이며, 수많은 경제민주화 법안들이 국회에 계류 중에 있다. 더구나 "경제민주화 없이는 국민행복도 없다"고 주장하는 야당은 비록 경제를 살리는 명분일지라도 쉽게 경제민주화를 포기하지 않을 것이다. 더구나, 얼마 전까지만 하더라도 국회를 통과한 경제민주화 입법이 서로 자기 당의 업적이라고 주장하는 현수막이 주요 길목마다 내걸려 있을 정도로 경제민주화를 지지하는 사람들이 많았다. 그러면 이 규제의 체제를 지지하는, 즉 자유시장경제에 저항하는 세력은 과연 누구일까?

저항세력 1호는 투철한 국가관으로 무장한, 우국충정에 불타는 관료들이다. 경제를 언제나 국가의 관점에서 재단하는 이들에게 시장은 언제나 관리하고 통제하며 보살펴야 하는 관치의 대상이다. 이들과 시장의 관계는 갑과 을의 관계가 아니라 영원한 주종관계다. 이들은 늘 시장 위에 군림하며 감 놔라 콩 놔라 한다. 무소불위의 경제권력을 휘두르며 시장의 주인공들인 기업인들을 불러들여 호통치는 것은 물론이고 가격을 인하하라고 으박지르는 것은 예삿일처럼 여긴다. 이들은 "삼성그룹에 국가 운명 맡길 수 없다(2012년 9월 14일, '경제민주화 심포지움' 기조연설에서 김종인이 한 말)"고 떠들며 재벌/경제를 입맛대로 요리(규제)할 생각은 하면서도, 삼성그룹 같은 그룹이 하나 더 나올 수 있도록 규제를 철폐할 궁리는 절대 하지 않는다. 심지어 "관(官)은 치(治)하기 위해 존재한다"는 허언(虛言)을 무슨 명언처럼 떠벌리고 다니는, 규제만능에 빠져 있는 영혼 없는 관료들도 있다. 더구나 그 허언을 대단한 리더십인양 포장하여 선전하는 정신 나간 언론도 있으니, 이런 언론도 알게 모르게 규제를 옹호하는 숨은 공로자 역할을 한다.

관료들에 거미줄처럼 촘촘히 얽힌 규제는 어깨에 힘을 주며 으

쓱대고 거들먹거리며 시장권력을 주무를 수 있는 경제권력의 원천이
자, 은퇴 후의 풍요로운 삶을 보장하는 동아줄이다. 그게 있어야 모피
아, 관피아, 해피아가 되어 호사를 누리고 유명 법무법인의 러브 콜을
받을 수 있다. 이들에게는 몇 년 뒤면 바뀔 정치권력에 충성하기보다
는 복지부동하며 규제의 꿀단지를 사수하는 것이 더 나은 처세술이다.
어느 여당 국회의원의 지적처럼 규제개혁에 가장 심하게 저항하는 곳
이 공무원 집단이다.

저항세력 2호는 List를 추종하거나 Keynesian의 후학으로 전락
한 한국의 경제학자들이다. 스스로 사(士)의 반열에 속한다고 자부하
는 이들이 신봉하는 것은 국가주도의 경제이지 천한 공상(工商)이 주
도하는 시장주도의 경제가 아니다. 그래서 이들은 정부나 정치권이
주도하는 수많은 위원회에 참석하여 규제의 체제를 떠받치는 일에는
아주 열정적이지만 규제개혁을 주창하며 자유시장경제를 옹호하는
일에는 매우 인색하다. 용감하게 이를 주창했다가는 정부의 수많은
위원회에도 끼이지 못하는 왕따 신세가 되어 낭패를 당할 수 있다는
것을 누구보다도 잘 안다. 관료들과 각을 세우며 척을 지는 위험한
길을 택하기 보다는 관료들과 어깨를 나란히 하여 명예를 누리고 짭
짤한 부수입을 챙길 수 있는 안전한 길을 택하는 것은 사람들의 보편
적 습성이다.

저항세력 3호는 반시장, 반기업 정서를 확산시키는 좌편향의 진
보세력이다. 모두가 평등한 지상낙원을 꿈꾸는 이들에겐 불평등을 양
산하는 시장과 그 대명사인 재벌 대기업은 타도의 대상이다. 이들은
자유시장경제라면 알레르기 반응부터 일으키면서 국가의 강력한 경
제개입을 주문한다. 경쟁을 제한하여 시장의 불평등을 해소하고, 평
등한 시장질서를 구축하기 위해 재벌 대기업을 수천 개의 작은 소기

업으로 쪼갤 것을 주장하는 정신 나간 무리들도 있다. 시장경제는 승자독식, 약육강식의 정글자본주의고 돈을 제일로 치는 천민자본주의라 폄하하며 반기업, 반시장의 정서를 조장하며 재벌 대기업과 자유시장경제에 대한 부정적 인식을 퍼뜨리는 주범이다. 누가 자유시장경제를 주창하기라도 하면 성장/시장밖에 모르는 사람으로 차갑게 매도하고 심지어 재벌, 부자의 앞잡이라며 벌떼처럼 달려들어 맹비난을 퍼붓는다. 진보세력이 정치관료들과 이구동성으로 경제민주화를 합창하는 것은 국가주도의 경제체제를 고수하려는 이들의 가치가 일치하기 때문이다.

이들은 심지어 경제문제를 선악의 관점에서 조망하면서 시장의 상징인 재벌 대기업 및 기업인들은 장사치로 비하하며 악마처럼 묘사하기도 한다. 반면에 이들을 규제하기 위해 팔을 걷어붙이고 나선 국가는 천사의 화신처럼 포장하며 경제민주화를 다수를 위한 선(善)의 정책으로 미화한다. 그러나 선악의 기준은 절대적인 것이 아니라 상대적인 것이라서 만약 인간이 악마라면 국가, 시장 모두가 악마이고, 인간이 천사라면 국가, 시장 모두가 천사다. 그래도 굳이 악마라고 주장하고 싶다면, Schumpeter의 말대로 국가는 큰 악마요, 시장은 작은 악마다.

저항세력 4호는 사농공상(士農工商)의 잔재의식이 여전한 한국의 문화풍토다. 전통적으로 관료(사(士))는 늘 역사의 중심에 있었고, 백성들의 삶을 보살피는 것이 관료/국가의 책무처럼 간주됐다. 더구나 한국사회의 좌편향 기류에 휩쓸린 민초들도 자신의 삶을 국가에 의존하려는 경향이 있기는 매한가지다. 치열한 시장경쟁을 뚫고 스스로 그 삶을 개척하기보다는 전능한 국가가 나서 시장의 경쟁을 제한하며 자신들의 삶을 보살펴주기를 원한다. 과거 국가주도의 경제에서 소외

되었다고 주장하며 국가가 챙겨주어야 한다며 떼를 쓴다. 못이기는 척 하면서, 국가는 중소기업을 살리기 위해 중소기업적합업종을 지정하고 골목상권을 살리기 위해 대형마트의 문을 한 달에 2번 닫는 등 귀중한 세금을 축내어가면서까지 친절하게도 이들의 밥그릇을 손수 챙겨준다.

저항세력이 지지하는 경제민주화는 헌법 제119조 ②항에 명시된 헌법적 가치이다. 한국판 수정자본주의를 촉발한 이 조항이 온전히 존재하는 한 국가의 경제개입을 제어할 방법은 사실상 없다. 따라서 자유시장경제의 질서를 고수하려면 사회주의 이념으로 물든 이 조항을 삭제하거나 아니면 아무데나 경제민주화를 갖다 붙여도 되는 포괄적 성격의 이 조항을 원래의 도입취지에 맞게끔 노동의 공정분배에 한정하든지 아니면 복지에 한정하는 등의 방법으로 경제민주화의 범위를 축소, 조정해야 한다. 지금 권력구조의 개편과 관련하여 헌법 개정의 불씨가 살아나고 있는데, 헌법을 개정하여 선진국에서 그 유례를 찾기 힘든 이 조항을 손보아 한국경제를 정치와 관치의 속박에서 해방시켜야 한다. 한국경제는 일인당 국민소득이 겨우 2,643달러에 불과하던 개발도상국 시절부터 이 조항에 발목이 잡혔다. 서구사회는 우리처럼 개발도상국 시절에 자본주의의 사회주의화를 시도하지 않았다. 사회주의 국가인 중국마저 자본주의화로 치닫고 있는 상황에 나라가 혼란스러웠던 시절에 도입한 이 조항에 대해 다시 한번 국민들의 생각을 묻는 것도 나쁜 선택은 아닐 것이다.

4. 경제는 시장이 하는 거야!

"정부가 어떻게 경제를 살립니까 ⋯ 답은 시장과 공장밖에 없죠."4
우리나라의 어느 기업인이 경제현장의 체험을 바탕으로 한 말이다. 주어진 환경을 극복하며 경쟁을 통해 스스로 성장 발전하는 자유시장경제의 진실을 함축적으로 표현한 말이다. 이 기업인의 말처럼, 예나 지금이나 그리고 동양이나 서양을 막론하고 경제를 살리는 것은 정부가 아니라 시장이고, 따라서 국가는 시장에 개입해서는 안 된다. 우리나라도 본질적으로 헌법 제119조 ①항에 명시된 대로 "개인과 기업의 경제상의 자유와 창의를 존중함을 기본으로"하는 자유시장경제의 질서이고, 당연히 시장경제 그 자체가 번영의 열쇠다. 우리는 개발연대에도 정부주도에 의해 성공한 것이라기보다는 기업이 주도하는 시장중심의 경제체제로 번영을 일구었다고 앞서 이미 지적했다.

그러나 유감스럽게도 대다수의 우리나라 사람들은 이 자유시장경제의 진실을 제대로 알지 못한다. 레세-페르의 시장경제체제를 배우기는커녕 오히려 정부가 개입하고 간섭하는 국가주도의 체제가 정답이라고 생각한다. 학생시절부터 주로 정부주도의 성공신화를 학습해오면서 자유시장경제의 가치에 대해서는 제대로 이해하려고도 하지 않았고 또 애써 이해할 필요도 없었다. 정치권력을 쟁취하기 위해 또는 자신들의 밥그릇을 챙기기 위해 국가주도의 체제를 지지하고 고수하는 일이 일상화되다시피 하면서 오랜 세월 동안 비정상적인 규제의 체제가 지속되고 있고, 심지어 국가의 경제개입은 무슨 권리나 의무처럼 간주하는 풍토마저 만연해 있다.

---

4 원문의 단어는 "경제"가 아니라 "섬유산업"이다. 경제는 기업의 합이므로 둘은 동일한 의미로 사용할 수 있다. 인용문은 제1장에 나온 것이다.

앞서 설명한 대로 국가주도의 체제를 정상적인 시장중심의 체제로 돌려놓기 위한 규제개혁은 지금 진행 중이다. 규제개혁은 정치적 이념적 장벽도 넘어야 하겠지만, 하루속히 치워야 할 보다 근본적인 장벽은 "경제는 정부가 한다"는 국가주도의 망령이다. 알아야 면장이라도 하듯 레세-페르가 시장경제의 기본이라는 사실조차 모르고서는 규제개혁이 순조로울 수가 없기 때문이다. 정치권력과 행정력을 동원하여 규제개혁을 밀어 붙이는 것도 중요하지만 자유시장경제의 진실을 깨우치는 노력도 반드시 병행되어야만 한다. 특히, 규제개혁의 총대를 둘러멘 정치관료들부터라도 자유시장경제의 진실과 국가주도 체제가 초래한 그간의 현실을 직시하는 것이 무엇보다 중요하다. 말하자면 이 책에서 줄곧 강조한 다음의 사실들을 잘 깨우쳐야 한다.

"경제를 일으켜 세우는 것은 레세-페르이지 지원 보호 육성의 정부 정책이 아니다.5 레세-페르는 어느 정파나 단체 또는 집단의 이익을 대변하기 위한 것이 아니라 대한민국의 국가이익에 부합하는 철학이요, 사상이다. 국가주도의 체제는 전설 같은 성공신화에서 움튼 구시대의 시장질서로 성장잠재력을 훼손하며 한국경제를 위기국면으로 몰아가고 있고, 자칫 잘못하면 "모두가 골고루 잘사는 평등한 세상"이 아니라 "모두가 망하는 세상"을 연출할 가능성이 있다. 규제개혁은 비정상적인 것으로 취급돼온 시장중심의 경제를 정상적인 것으로 되돌려 놓는 것으로 시장경제의 기본을 따르는 것이지 탐욕스런 시장(즉, 기업)을 위한 것이 아니다."

---

5 정부가 일으켜 세운다고 오해한 사례는 수도 없이 많다. 그 중 시사성이 있는 것 하나를 예로 들면, 성장과 복지에 관한 논쟁이다. 성장과 복지를 양자택일로 보는 시각 그 자체가 전형적인 국가주도의 망령이다. 성장은 세금을 얼마나 거둬들이냐에 따라 영향을 받을 수 있지만, 이미 거둬들인 세금을 성장 쪽으로 돌린다고 해서 경제가 성장한다고 장담할 수만은 없다.

　　요컨대 시장경제는 건드리면 움츠려 드는 미모사('신경초') 같은 것이다. 국가가 수십 년 동안 한국경제를 건드려서 얻은 결과는 성장잠재력이 잔뜩 움츠러든 지금의 한국경제다. 따라서, 경제의 "앙시앙레짐," 즉 한국판 수정자본주의를 고수하며 규제하고 간섭할 것이 아니라, 한국경제가 기업가 정신을 꽃피우며 경쟁을 통해 스스로 성장 발전할 수 있도록 그냥 내버려두어야 한다. 한국사회를 휘감은 국가주도의 망령을 홀연히 떨쳐내며 한국경제를 관치의 정치의 속박으로부터 해방시켜야만 한국경제를 다시 일으켜 세울 수 있는 것이다. 다수의 국민들이, 아시아 대륙 동북방 끄트머리에 위치한 변방의 작은 나라 대한민국이 미국, 영국, 프랑스, 일본 등과 어깨를 나란히 하며 세계의 중심국가로 우뚝 설 수 있는 길은 자유시장경제밖에 없다는 주장에 공감하는 그 날이 오기를 학수고대한다.

참고문헌

국내문헌

강만수(2005) 『현장에서 본 한국경제 30년』, 삼성경제연구소

김성진(2006), 『박정희를 말하다』, 삶과 꿈

김용서, 좌승희 외(2006) 『박정희 시대의 재조명』, 전통과 현대

김용환(2006), 『재정·금융정책 비사』, 매일경제신문사

김우중(1989), 『세계는 넓고 할 일은 많다』, 김영사

김정렴(1990), 『한국경제정책 30년사』, 중앙일보사

_____(2006), 『최빈국에서 선진국 문턱까지』, 랜덤하우스중앙

남덕우 외(2003), 『80년대 김재익 수석과 경제개혁』, 삼성경제연구소

도킨스, 리처드(Dawkins, Richard)(2007), 「만들어 진 신」(The God Delusion), 이 한음 옮김, 김영사

_____, 『지상최대의 쇼』(The Greatest Show on Earth), 김명남 옮김, 김영사

박승엽·박원규(2007), 『삼성 vs LG, 그들의 전쟁은 계속된다』, 미래의 창

박진환(2005), 『한국경제 근대화와 새마을운동』, (사)박정희 대통령 기념 사업회

백영훈(2005), 『대한민국에 고함』, 씨앗을 뿌리는 사람

성명재 외 5인(2010), "공기업의 국민경제적 기여도역할과 정책과제: 부가가치 추정을 중심으로", 한국조세연구원

사공일(1979), "한국공기업부문의 국민경제적 역할", 한국개발연구 제1권 제2호, 한국개발연구원

오원철(1996), 『한국형 경제건설』 1-5권, 기아경제연구소

_____(2006), 『박정희는 어떻게 경제강국 만들었나』, 동서문화사

유승민(2002), 『재벌, 과연 위기의 주범인가』, 비봉출판사

유정호(2004), 『관치 청산-시장경제만이 살 길이다』, 책세상

육성으로 듣는 경제기적 편찬위원회(2013), 『코리안 미러클』, 나남출판

이대근(2006), "한일회담과 외향적 경제개발", 『박정희 시대의 재조명』, 전통과
    현대

이명우(2013), "정주영 회장에게 사막은 '地上 최고의 공사장'이었다", 이명우
    교수의 경영 수필, 조선일보 2013년 3월 30일

이병철(2014), 『호암자전』, ㈜나남

이완범(2006), 『박정희와 한강의 기적』, 선인

이장규(1991), 『경제는 당신이 대통령이야』, 중앙일보사

이재민(2205), "'동아시아 기적'과 한국의 산업정책: 중화학공업화 정책에 대한
    평가", 경제발전연구, 제11권 제1호, pp.1 – 25

이한구(1999), 『한국 재벌형성사』, 비봉출판사

장하준(2004), 사다리 걷어차기, 형성백 역, 부키

_____(2007), 나쁜 사마리아인들, 이순희 역, 부키

재정경제부(2003), 동북아 금융허브 추진전략

전성인(2008), 금융산업의 구조개선에 관한 법률의 개정방향

조갑제 · 김은중(2003), "위대한 CEO 박정희의 특명", 『월간조선』, 7월호, pp.
    242 – 277.

조동성(1990), 『한국재벌연구』, 매일경제신문사

한국조세연구원(1996), "업종전문화시책의 현황, 평가 및 향후 금융지원정책의
    방향"

좌승희(2006), 『신 국부론』, 굿인포메이션

_____(2008), 『진화를 넘어 차별화로』, 도서출판 지평

_____ · 김창근(2010), 『이야기 한국경제』 도서출판 일월담

정주영(1998), 『이 땅에 태어나서』, 솔 출판사

차동세 · 김광석 편(1995), 『한국경제 반세기 역사적 평가와 21세기 비전』, 한국
    개발연구원(KDI)

한국재정40년사 편찬위원회(1991), 한국재정 40년사, 제7권, 한국개발연구원

한국행정연구원, 2014넌 1/4분기 국 · 내외 규제 동향지

국외문헌

Aghion, Philippe and Griffth, Rachel(2008) 『Competition and Grwoth』, The MIT Press

Amsden, A.(1989), Asia's Next Giant: South Korea and Late Industrialization, New York: Oxford University Press

Aumann, Robert J.(2005). "War and Peace" Prize Lecture delivered at the Royal Swedish Academy of Sciences at Stockholm in December 8, 2005

Beinhocker, Eric. D.(2006), The Origin of Wealth, Harvard Business Press

Dahl, Robert(1985), *A Preface to Economic Democracy*, Cambridge: Polity Press

_____(1998), *On Democracy*, New Haven: Yale University Press

DeLong, James Bradford(1995), Trade Policy and America's Living Standard :An Historical Perspective

Fallows, James(1993), "How the World Works", The Atlantic, December 1993

Friedman, Milton(1953), "The Methodology of Positive Economics", *Essays in Positive Economics*(Part Ⅰ. Introduction), The University of Chicago Press.

Fukuyama, Francis(1992), *The End of History and the Last Man*, New York: Free Press.

Jensen, Michael C. and Meckling, William H.(1976). "Theory of the Firm: Managerial Behavior, Agency Costs and Ownership Structure", *Journal of Financial Economics* 3, no. 4, pp. 305−360

Gerschenkron, Alexander(1962), *Economic Backwardness in Historical Perspective, A Book of Essays*, Frederick A. Praeger

Gordon, Robert J.(2012), Is US Economic Growth Over?, Faltering Innovation Confronts the Six Headwinds, *NBER Working Paper*

Greenspan, Alan(2007), The Age of Turbulence, The Penguin Press

Harford, Tim(2005), 『Undercover Economist(경제학 콘서트)』, 김명철 역, 웅

진지식하우스

Krueger, A.O.(1997), "Trade Policy and Economic Development: How We Learn," *American Economic Review*, 87(1), 1-22

Krugman, Paul(1994), "The Myth of Asia's Miracle," *Foreign Affairs*, Nov/Dec, Vol. 73

_____(2007), 『The Conscience of a Liberal』, 현대경제연구원 역

Lindsey, Brink and Luca Aaran(1988). Revisiting the "Revisionists": The Rise and Fall of Japanese Economic Model, *Trade Policy Analysis No. 3, Cato Journal*

Lucas, Robert E., Jr.(2002). Lectures on Economic Growth. Cambridge: Harvard University Press pp. 109-110

Miller III, James C.(1984), The Case Against "Industrial Policy", Cato Journal, Vol. 4, No. 2

Mitchell, B.R.(1971), Abstract of British Historical Statistics, Cambridge University Press

Mizruchi, Mark S.,(2007), "Managerial Capitalism, Entrepreneurial Capitalism, and the Decline of the American Corporate Elite", Paper presented at the Conference on Entrepreneurship and Capitalism: Systemic Dynamics of the Global Economy, Center for the Study of Economy and Society, Cornell University

Page, John (1994), The East Asian Miracle: Four Lessons for Development Policy, *NBER Macroeconomics Annual 1994*, Volume 9

Rawls, John(1971), *A Theory of Justice*, Cambridge: The Belknap Press of Harvard University

Reinert, Eric(2008), How Rich Countries Got Rich ⋯ and Why Poor Counties Stay Poor, 김병화 옮김, 부키

Sen, Amartya(2000), *Development as Freedom*, New York: Random House.

Smith, Adam(1776), An Inquiry into the Nature and Causes of the Wealth of Nations, Digireads.com Publishing, 2004.

Soros, George(2008), The New Paradigm for Financial Markets, *Public Affairs*

Wolf, Martin(2007), The Growth of Nations, *The Financial Times*, July 21, 2007

World Bank(1993), The East Asian Miracle: Economic Growth and Public Policy, New York: Oxford University Press

Zajac, Edward J. and James D. Westphal(2004), "The Social Construction of Market Value: Institutionalization and Learning Perspectives on Stock Market Reactions." *American Sociological Review* 69, pp.433−457.

World Economic Forum, *The Global Competitiveness Report* 2014−2015

한국 경제유사 레세-페르

초판인쇄	2015년 2월 20일
초판발행	2015년 2월 25일
지은이	김창근
펴낸이	안종만
편 집	김선민·전채린
기획/마케팅	박세기
표지디자인	홍실비아
제 작	우인도·고철민
펴낸곳	(주) **박영사**
	서울특별시 종로구 새문안로3길 36, 1601
	등록 1959. 3. 11. 제300-1959-1호(倫)
전 화	02)733-6771
f a x	02)736-4818
e-mail	pys@pybook.co.kr
homepage	www.pybook.co.kr
ISBN	979-11-303-0151-8 93320

copyright©김창근, 2015, Printed in Korea

정 가   12,000원